Das Eierkarton-Bastelbuch für Kinder

Fiona Hayes

Bassermann

Inhalt

Bastelbedarf

Für die meisten der Bastelideen in diesem Buch braucht ihr einige oder alle der folgenden Gegenstände:

- **Weißleim**
- **Schere**
- **Bleistift**
- **Lineal**
- **Filzstifte**
- **Pinsel**

... und natürlich Eierkartons! Und zwar in der Regel die für sechs Eier.

Hühner

Die süßen Hühner eignen sich nicht nur perfekt als Eierbecher, sie bringen auch Spaß in jede Küche!

Dazu braucht ihr

1 Eierkarton
weiße/braune Farbe
roter und gelber Karton
2 Wackelaugen

1

Schneidet aus dem Boden des Eierkartons einen der Zapfen aus und malt ihn weiß oder braun an.

2

Faltet ein kleines Stück roten Karton in der Mitte und schneidet daraus ein halbes Herz aus. Faltet das Herz auseinander. Ihr braucht zwei davon: eins für den Kamm und eins für die Kehllappen.

3

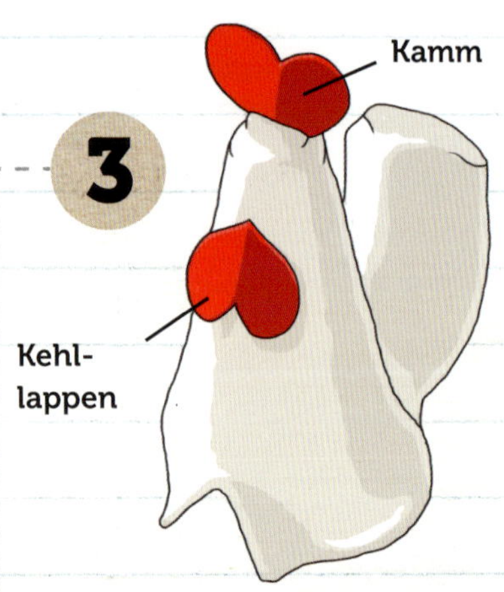

Klebt Kamm und Kehllappen wie oben abgebildet an den Körper des Huhns.

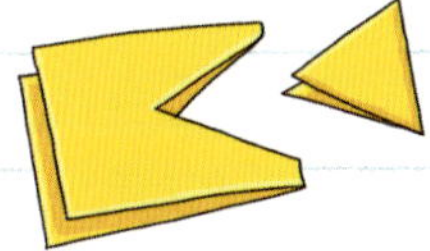

Faltet ein Stück gelben Karton in der Mitte und schneidet daraus ein Dreieck aus – den Schnabel des Huhns.

Klebt auch den Schnabel an und fügt noch zwei Wackelaugen hinzu.

Warum nicht gleich ein paar Hühner auf der Stange aus einem Karton für zehn Eier basteln? Darin hätten alle eure Ostereier Platz!

Löwen-Handpuppe

Wer hätte gedacht, dass man aus einem Eierkarton einen Löwen basteln kann? Und auch noch einen, der brüllen kann?

Dazu braucht ihr

2 Eierkartons (1 davon mit einem Scharnier an der kurzen Seite; siehe S. 80)

gelbe Farbe

brauner Filz oder Karton

weißer Karton

2 Wackelaugen

1

Schneidet auf der mit dem Scharnier versehenen kurzen Seite des Eierkartons ein Loch in den Deckel, durch das zwei Finger passen.

2

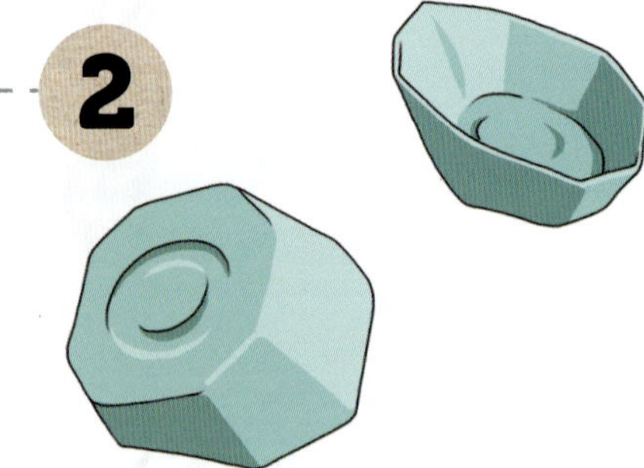

Schneidet aus dem Boden eines zweiten Eierkartons zwei Vertiefungen aus und schrägt die Seiten der Vertiefungen leicht ab.

3

Klebt die Vertiefungen über dem Loch auf den Deckel des ersten Eierkartons und malt den Löwenkopf gelb an.

4

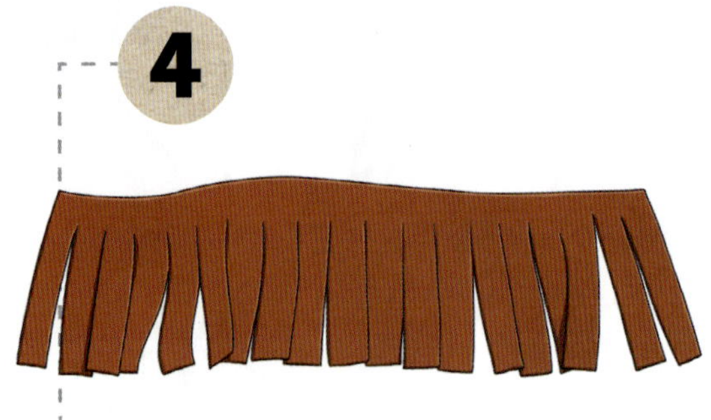

Schneidet für die Mähne Schlitze in einen Streifen aus braunem Filz oder Karton. Nehmt am besten zwei Streifen, dann wird die Mähne schön dick.

5

Klebt die Mähne an den Kopf.

6

Schneidet Ohren aus dem weißen Karton aus, malt sie gelb an und klebt sie an.

7

Klebt die Wackelaugen auf.

8

Und nun lasst den Löwen brüllen: Steckt zwei Finger in das Loch am Hinterkopf, legt den Daumen unten an den Boden des Eierkartons und bewegt Boden und Deckel mit den Fingern. Vergesst dabei die Geräusche nicht!

Tipp

Findet ihr keinen Eierkarton mit dem Scharnier an der kurzen Seite, bastelt ihr einfach ein Papierscharnier für euren »normalen« Eierkarton. Die Anleitung ist auf S. 80.

BRÜLL!

Biene

Seid fleißig wie die Bienchen und bastelt euch eine aus einem Eierkarton!

Dazu braucht ihr

1 Eierkarton

gelbe, schwarze, blaue und weiße Farbe

2 gelbe Strohhalme mit Knick

weißer und blauer Karton

2 Wackelaugen

1

Malt den Deckel des Eierkartons gelb und den Boden schwarz an. Fügt schwarze Streifen auf dem Deckel hinzu.

2

Bohrt an einem Ende des Kartons mit einem Bleistift zwei Löcher in den Deckel und steckt die etwas gekürzten Strohhalme hinein.

3

Schneidet aus weißem Karton zwei Flügel aus. Malt Striche darauf und klebt die Flügel an. Malt eurer Biene einen Mund.

4

Schneidet Kreise aus blauem Karton aus und klebt sie unter den Fühlern auf. Klebt die Wackelaugen darauf, und summ, summ – fertig ist eure Biene!

Igel

Dieser Igel ist so süß, dass alle eure Freundinnen und Freunde bestimmt auch einen haben wollen!

Dazu braucht ihr

8 Eierkartons

braune und gelbe Farbe

Flaschenverschluss

grüner Filz

2 Wackelaugen

1

Schneidet aus den Böden der Eierkartons 12 bis 15 Zapfen aus und schrägt sie unten leicht ab.

2

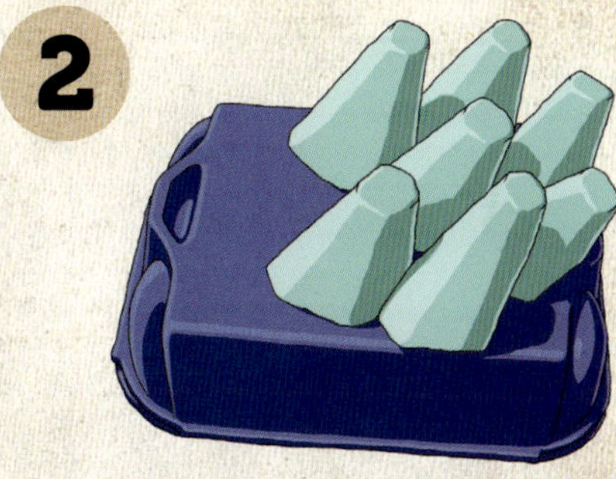

Klebt sie an einem Ende auf den Deckel eines intakten Eierkartons und lasst den Leim trocknen. Beklebt danach auch die Seiten mit Zapfen.

3

Ist auch hier der Leim trocken, malt ihr die Oberseite des Körpers sowie die Stacheln braun und den Rest gelb an.

4

Schneidet einen letzten Zapfen aus und malt ihn gelb an. Klebt ihn als Schnauze an den Kopf und darauf als Nase einen Flaschenverschluss. Klebt grüne Filzkreise mit den Wackelaugen an und lasst euren Igel nach Herzenslust herumstöbern!

Hund-Handpuppe

Dazu braucht ihr

2 Eierkartons (1 davon mit einem Scharnier an der kurzen Seite; siehe S. 80)

braune, schwarze und rote Farbe

brauner u. schwarzer Filz

2 Wackelaugen

1

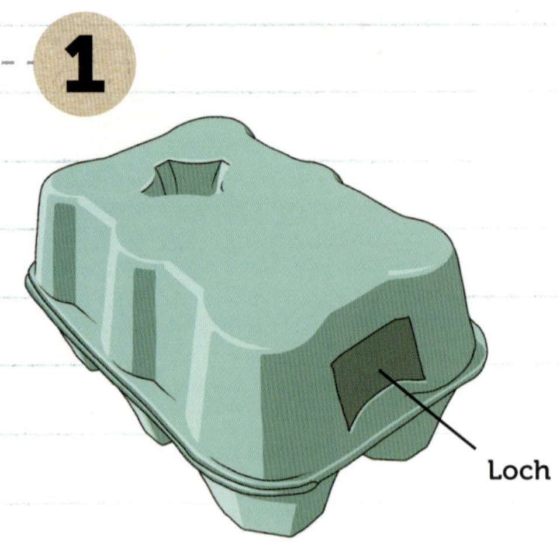

Schneidet auf der mit dem Scharnier versehenen kurzen Seite des Eierkartons ein Loch in den Deckel, durch das zwei Finger passen.

2

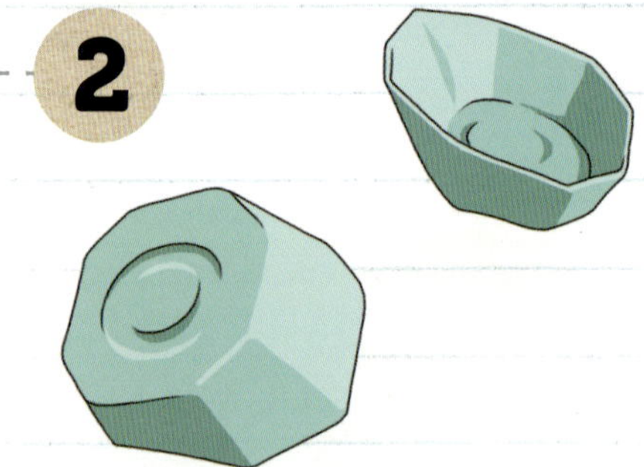

Schneidet aus dem Boden eines zweiten Eierkartons zwei Vertiefungen aus und schrägt die Seiten der Vertiefungen leicht ab.

3

Klebt die Vertiefungen als Augen über dem Loch auf den Deckel des ersten Eierkartons.

4

Malt euren Hund an. Vergesst dabei nicht, das Innere des Mauls rot anzumalen.

5

Schneidet aus Filz Ohren und Nase aus.

6

Klebt sie an den Kopf des Hundes.

7

Klebt auch Wackelaugen auf.

8

Damit der Hund bellen kann, steckt ihr zwei Finger in das Loch am Hinterkopf, legt den Daumen unten an den Boden des Eierkartons und bewegt Boden und Deckel mit den Fingern.

WUFF WUFF

Drache

Dieser brandgefährliche Drache gehört einfach in jede Eierkarton-Bastelsammlung!

Dazu braucht ihr

3 Kartons für 6 Eier und 1 für 10 oder 12 Eier

dicke Pappe

rote, gelbe und weiße Farbe

2 Wackelaugen

1

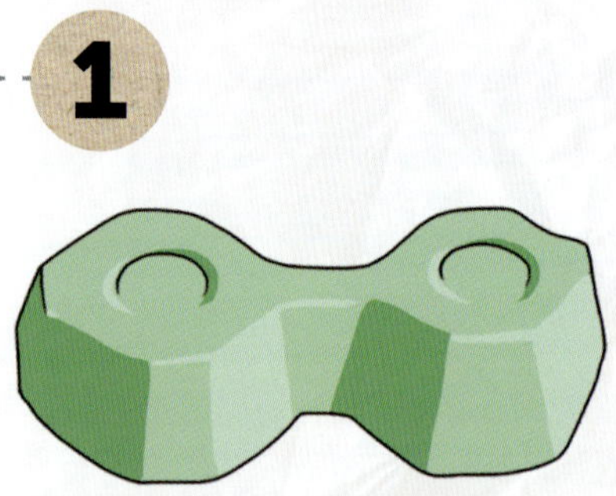

Schneidet für die Augen zwei aneinanderhängende Vertiefungen aus dem Boden eines Eierkartons aus.

2

Schneidet für den Schwanz sechs Zapfen aus Eierkartonböden aus und kürzt sie auf verschiedene Größen.

3

Legt den langen Eierkarton mit den Vertiefungen nach oben hinter einen kurzen Eierkarton und ordnet die Zapfen für den Schwanz dahinter an. Schneidet aus Pappe ein Stück aus, das genauso lang wie euer Drache ist und hinten eine Kurve macht. Klebt die Kartons und Zapfen auf die Pappe auf.

4

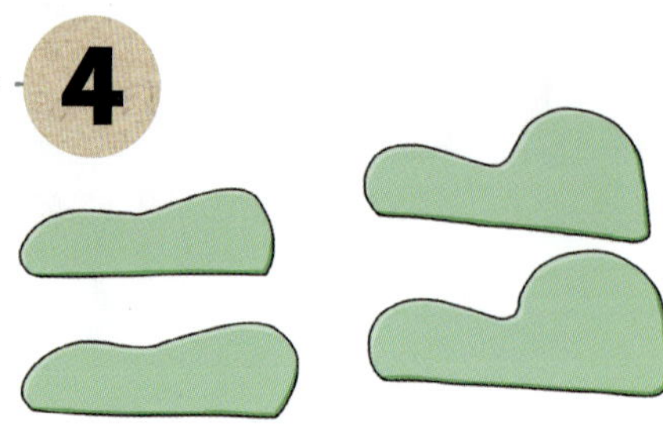

Schneidet vier Beine aus der restlichen Pappe aus und klebt sie an den Körper (siehe Schritt 5).

5

Malt euren Drachen an und vergesst dabei auch die Klauen und Zähne nicht.

6

Schneidet zwei Hörner und zwei Ohren aus der Pappe aus. Malt die Ohren rot und die Hörner weiß an.

7

Klebt die Ohren und die Hörner an den Drachenkopf. Fügt zwei Wackelaugen hinzu und erweckt euren Feuer speienden Drachen zum Leben!

Tipp

Wascht die Pinsel nach Gebrauch immer gründlich aus.

Kipplaster

Dazu braucht ihr

1 Karton für 6 Eier und 1 für 10 oder 12 Eier

Farbe

weißer Karton

dicke Pappe

2 Flaschenverschlüsse

1

Schneidet den kleinen Eierkarton wie abgebildet in zwei Hälften. Die größere Hälfte ist das Führerhaus.

2

Malt die größere Hälfte an. Schneidet Fenster aus weißem Karton aus und malt Leute darauf. Klebt die Fenster an.

3

Schneidet den Deckel des großen Eierkartons ab und klebt Deckel und Boden umgedreht zusammen. Malt alles an.

4

Schneidet aus Pappe ein Stück aus, das so lang ist wie der gesamte Laster. Klebt die Teile darauf.

5

Schneidet für die Räder acht Kreise aus Karton aus und malt sie an.

6

Klebt die Räder an den Laster an.

Tipp

Haltet die Teile mit Wäscheklammern zusammen, während der Leim trocknet.

BRUMM

7

Fügt zwei Flaschenverschlüsse als Warnleuchten hinzu. Jetzt kann sich der Kipplaster an die Arbeit machen!

BRUMM

Zauberfee

Mögt ihr Feen? Aus nur einem Eierkarton könnt ihr euch selbst welche basteln!

Dazu braucht ihr

1 Eierkarton
Styroporkugel
Farbe
Wolle
rosa Filz oder Karton

1

Schneidet aus dem Boden des Eierkartons zwei Vertiefungen aus.

2

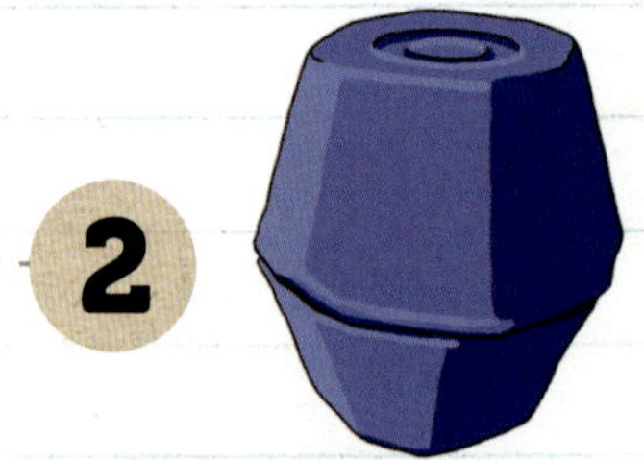

Klebt die Vertiefungen wie abgebildet aneinander.

3

Klebt die Styroporkugel darauf und malt sie sowie den Körper der Fee an. Klebt einige Wollfäden als Haare auf.

4

Schneidet für die Flügel zwei Herzen aus Filz oder Karton aus.

5

Klebt die Flügel an.

Malt eurer Fee nun noch zwei Augen und ein freundliches Lächeln auf, dann steht dem Zauber nichts mehr im Wege.

Tipp

Mit mehreren der hübschen Feen könnt ihr gleich ein ganzes Feenreich gründen!

Feuerwehrauto

Das Feuerwehrauto braucht ihr, wenn der Drache (siehe S. 12f.) beim Feuerspeien mal wieder zu unvorsichtig war.

Dazu braucht ihr

2 Eierkartons

dicke Pappe

rote, weiße, blaue und gelbe Farbe

2 Zahnpastatubenverschlüsse

3 Strohhalme

Spiegelfolie

1

Schneidet einen der Eierkartons wie abgebildet in zwei Hälften. Die größere Hälfte ist das Führerhaus.

2

Klebt sie mit dem anderen Eierkarton auf ein Stück dicke Pappe.

3

Malt den hinteren Teil rot und den vorderen weiß an und lasst die Farbe trocknen. Malt blaue Fenster auf.

4

Schneidet für die Räder sechs Kreise aus der Pappe aus. Malt und klebt sie an. Klebt die Zahnpastatubenverschlüsse auf das Führerhaus.

5

Schneidet die Strohhalme zu zwei langen und fünf kurzen Stücken für die Leiter zurecht.

6

Klebt die Leiter auf den hinteren Teil des Feuerwehrautos.

7

Bastelt ein Warnschild aus Pappe und klebt es vorn an das Auto.

8

Klebt ein Stück Spiegelfolie seitlich an das Auto. Und los geht's zum nächsten Einsatz!

TATÜ TATA

Frosch

Was ist leuchtend grün und kann laut quaken? Unser freundlicher kleiner Frosch aus Eierkartons!

Dazu braucht ihr

2 Eierkartons

dunkelgrüne, hellgrüne, gelbe und rote Farbe

2 Wackelaugen

1

Schneidet aus dem Boden eines Eierkartons zwei Vertiefungen aus. Das sind die Augen des Froschs.

2

Schneidet den zweiten Eierkarton wie abgebildet in zwei Hälften. Die größere Hälfte wird der Körper.

3

Schneidet aus dem Deckel der kleineren Hälfte die Beine des Froschs aus.

4

Klebt Augen und Beine an den Körper.

5

Malt den Frosch dunkelgrün an, der Bauch wird hellgrün.

Tipp

Lasst die grüne Farbe erst vollständig trocknen, bevor ihr die gelben Punkte aufmalt.

QUAK QUAK

Malt gelbe Punkte und ein rotes Maul auf. Klebt die Wackelaugen auf. Und jetzt heißt es aufgepasst, dass der Frosch nicht davonhüpft!

Flusspferd

Dazu braucht ihr

3 Eierkartons
dicke Pappe
rosa, weiße, orange Farbe
2 Wackelaugen

1

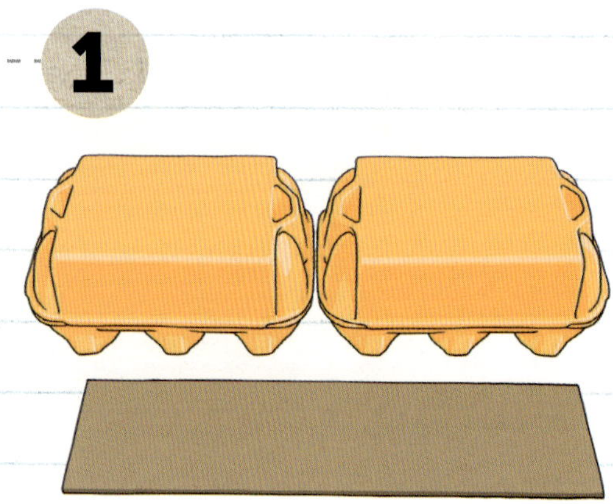

Klebt zwei Eierkartons auf ein Stück Pappe.

2

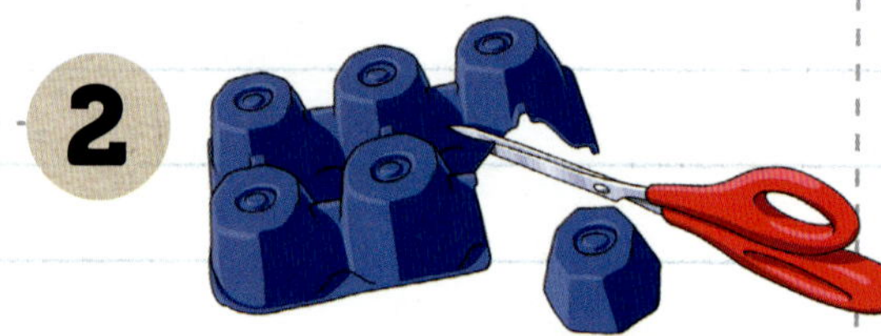

Schneidet aus einem weiteren Eierkarton die sechs Vertiefungen aus.

3

Klebt zwei Vertiefungen auf einen Eierkarton – das sind die Augen des Flusspferds.

4

Klebt vier Vertiefungen als Füße an die Eierkartons und malt das Flusspferd rosa an.

5

Fügt weiße Punkte, Zehennägel und die Wackelaugen hinzu. Malt das Innere des Mauls orange und die Zähne weiß an. Schneidet aus Pappe zwei große Zähne aus, malt sie weiß an und klebt sie vorn auf.

Schildkröte

Dazu braucht ihr

2 Eierkartons
grüne und gelbe Farbe
weißer Karton
2 Wackelaugen

1

Schneidet aus dem Boden eines Eierkartons vier Vertiefungen aus.

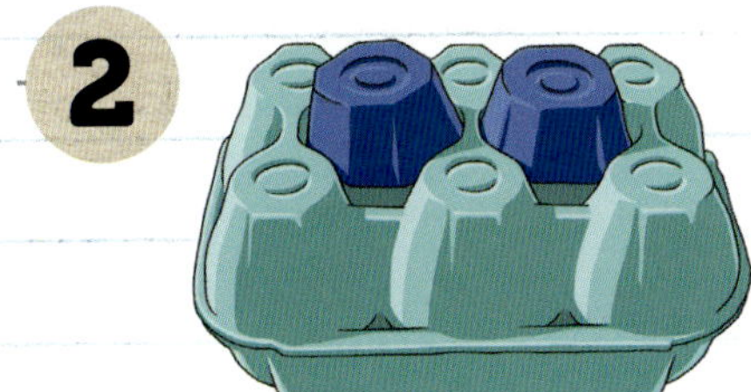

2

Klebt zwei Vertiefungen zwischen die Vertiefungen eines weiteren Eierkartons.

3

Malt die anderen Vertiefungen gelb an und schneidet sie in zwei Hälften. Das sind die Füße.

4

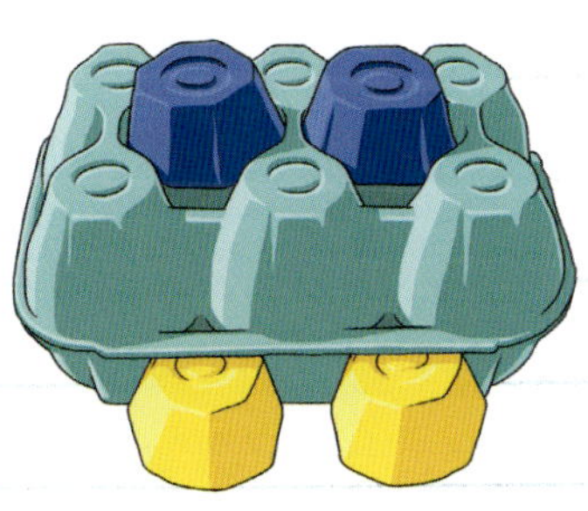

Klebt die Füße an.

5

Malt den Körper der Schildkröte grün an und gelbe Kreise oder Punkte dazu.

6

Schneidet einen Kreis aus Karton aus, malt ihn gelb an und klebt ihn vorn auf. Fügt Wackelaugen sowie ein Lächeln hinzu, und fertig ist euer kleiner Freund!

Weihnachtsbaum

Weihnachtszeit ist Bastelzeit, und besonders viel Spaß macht es, diesen kleinen Weihnachtsbaum aus Eierkartons zu basteln.

Dazu braucht ihr

dicke Pappe

3 Eierkartons

grüne, rote und gelbe Farbe

Metallic-Folienkarton

Geschenkband

1

Zeichnet ein großes Dreieck auf Pappe und fügt unten eine Topfform an. Schneidet beides zusammen aus.

2

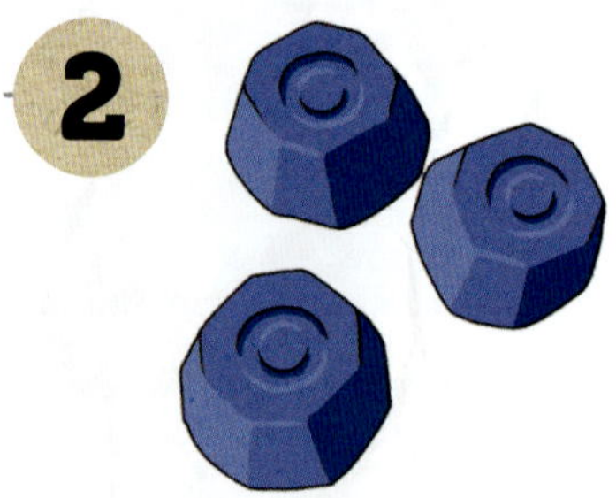

Schneidet aus den Böden der Eierkartons etwa 15 Vertiefungen aus.

3

Klebt die Vertiefungen auf den oberen Teil der Pappe.

4

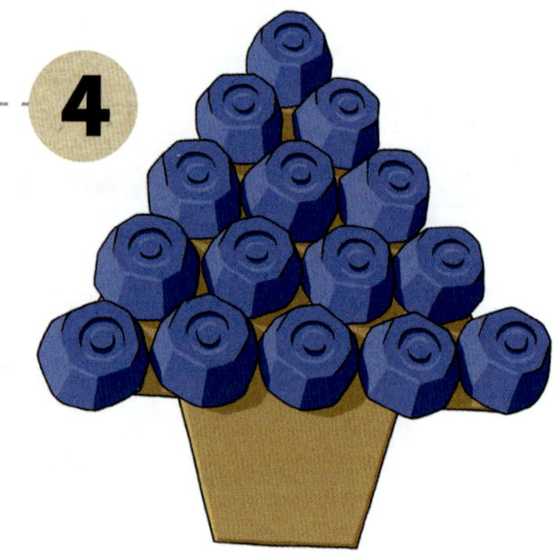

Den unteren Teil lasst ihr frei. Wartet, bis der Leim trocken ist.

5

Malt den Baum grün und den Topf rot an.

6

Schneidet für die Weihnachtsbaumkugeln Kreise aus dem Folienkarton aus und klebt sie an den Baum.

Schneidet einen Stern aus Pappe aus und malt ihn gelb an.

8

Klebt den Stern an die Spitze des Baums. Befestigt hinten am Baum ein Stück Geschenkband, damit ihr euren Weihnachtsbaum aufhängen könnt.

Tipp

Ihr könnt den Baum auch größer machen – dafür braucht ihr nur sehr viele Eierkartons!

Schneemann

Wenn es draußen kalt wird, könnt ihr es euch drinnen gemütlich machen und einen Schneemann basteln, der garantiert nicht schmilzt!

Dazu braucht ihr

1 Eierkarton
weiße und schwarze Farbe
roter Filz
dicke, orangefarbene Pappe

1

Schneidet vier Vertiefungen aus dem Boden des Eierkartons aus.

2

Klebt zwei Vertiefungen wie abgebildet aneinander.

3

Klebt eine weitere Vertiefung als Kopf darauf.

4

Schneidet aus dem Deckel des Eierkartons einen Kreis aus und klebt die restliche Vertiefung mittig darauf. Das wird der Hut des Schneemanns.

5

Malt den Körper weiß und den Hut schwarz an.

6

Klebt den Hut auf den Kopf und bindet einen dünnen Streifen Filz als Schal um den Hals.

7

Klebt ein kleines Dreieck aus orangefarbener Pappe als Nase an und zeichnet dem Schneemann Augen und ein Lächeln ins Gesicht.

BRRR

Tipp

Um einen Kreis zu zeichnen, fahrt ihr mit einem Bleistift einfach um den Boden eines Glases.

Pilze

Dazu braucht ihr

2 Eierkartons
weiße und rote Farbe

1

Schneidet die Vertiefungen aus dem Boden eines Eierkartons aus.

2

Schneidet die Zapfen aus den Böden der beiden Eierkartons aus.

3

Malt die Zapfen weiß und die Vertiefungen rot an. Malt weiße Punkte auf das Rot.

4

Klebt die Vertiefungen an die Zapfen und arrangiert eure Pilze zu einem hübschen Wald.

Schaf

Natürlich könnt ihr euch auch eine ganze Herde basteln!

Dazu braucht ihr

3 Eierkartons	dicke Pappe
weiße und schwarze Farbe	rosa Filz oder Karton
	2 Wackelaugen

1

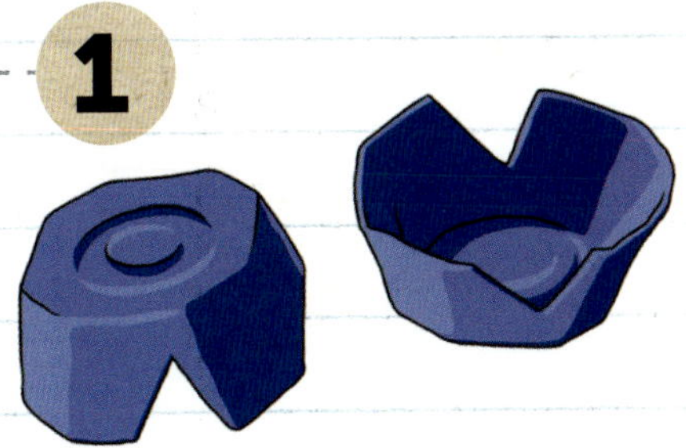

Schneidet vier Vertiefungen aus dem Boden eines Eierkartons aus und seitlich jeweils ein V hinein.

2

Klebt die Vertiefungen wie abgebildet an einen weiteren Eierkarton und malt alles weiß an.

3

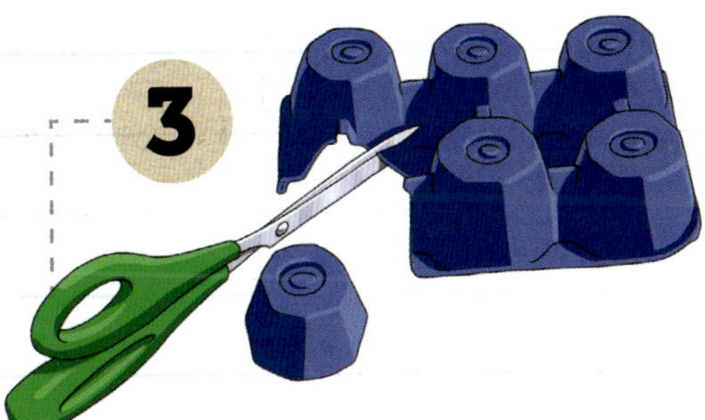

Schneidet aus dem Boden des dritten Eierkartons vier Vertiefungen als Füße aus und malt sie schwarz an.

4

Schneidet einen Kopf aus Pappe aus und malt auch ihn schwarz an.

5

Klebt Kopf und Füße an. Mit einer rosa Nase, zwei Wackelaugen und einem süßen Lächeln ist euer Schaf fertig!

MÄH

Vogel-Maske

Dazu braucht ihr

1 Eierkarton
braune und gelbe Farbe
weißer Filz
Gummiband

1

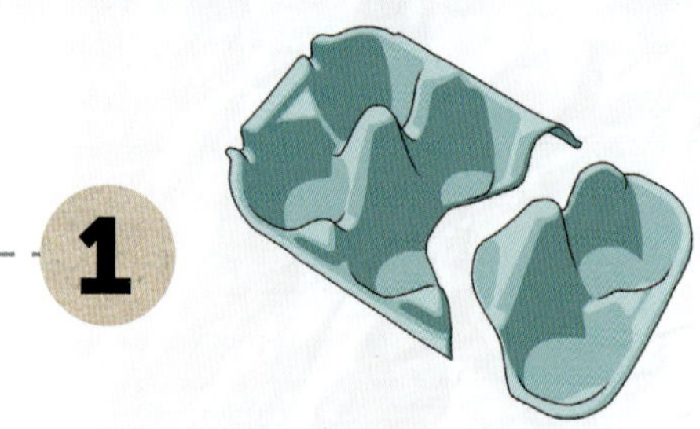

Schneidet den Boden des Eierkartons wie abgebildet in zwei Hälften.

2

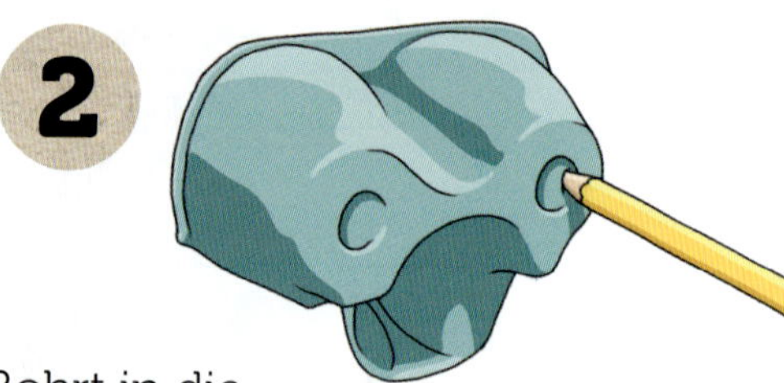

Bohrt in die kleinere Hälfte mit einem Bleistift zwei Löcher.

3

Schneidet einen Schlitz in den Zapfen und malt den Kopf braun sowie den Schnabel gelb an.

4

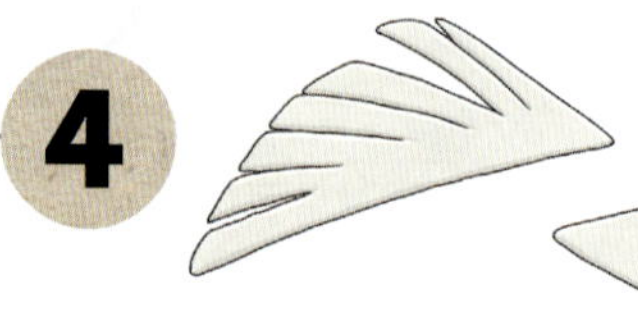

Schneidet aus Filz zwei fedrige Augenbrauen aus.

5

Klebt die Augenbrauen an.

6

Bohrt mit einem Bleistift seitlich jeweils ein kleines Loch in den Schnabel und fädelt ein Gummiband hindurch. Verknotet es, und fertig ist eure Vogel-Maske!

Armband

Das Armband ist das Schmuckstück jeder Eierkarton-Bastelsammlung – ihr könnt es aber auch einer Freundin schenken.

Dazu braucht ihr

1 Eierkarton
rosa Farbe
gelbes Seidenpapier
Geschenkband

1 Schneidet drei Vertiefungen aus dem Boden des Eierkartons aus.

2 Malt die Vertiefungen an und schneidet sie rundherum in Fransen.

3 Zerknüllt etwas Seidenpapier und klebt es mittig in die Vertiefungen.

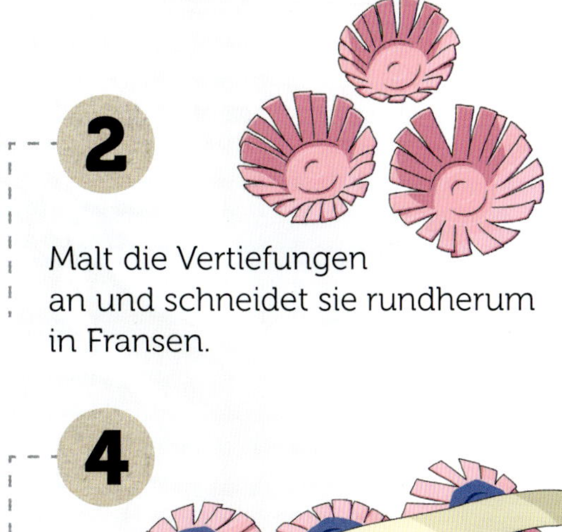

4 Schneidet so viel Geschenkband ab, dass ihr es um euer Handgelenk zusammenbinden könnt, und klebt die Vertiefungen darauf.

5 Bindet euch das Armband um – am besten mit einer hübschen Schleife.

Oktopus

Verwandelt euer Kinderzimmer mit diesem farbenprächtigen Oktopus in eine zauberhafte Unterwasserwelt.

Dazu braucht ihr

6 Eierkartons
dicke Pappe
Farbe
2 Wackelaugen

1

Schneidet aus dem Boden eines Eierkartons zwei Vertiefungen aus.

2

Klebt sie auf einen anderen Eierkarton. Das sind die Augen.

3

Schneidet für die Saugnäpfe aus den anderen Eierkartons die Böden der Vertiefungen aus.

4

Schneidet acht Tentakel aus Pappe aus und klebt jeweils drei Saugnäpfe darauf.

5

Malt den Körper in einer leuchtenden Farbe an und einige Punkte in einer kontrastierenden Farbe darauf.

6

Malt die Tentakel entsprechend an.

7

Öffnet den Eierkarton und klebt die Tentakel an. Schließt den Karton wieder.

8

Nun braucht euer Oktopus nur noch zwei Wackelaugen, dann ist er fertig!

Tipp

Probiert zuerst verschiedene Farben auf Schmierpapier aus, bevor ihr euren Oktopus anmalt.

Eule

Eulen heulen, so sagt man. Diese süße kleine Eule wird die ganze Nacht lang über euch wachen.

Dazu braucht ihr

2 Eierkartons
dicke Pappe
Farbe, auch gelbe Farbe
2 Wackelaugen

1

Schneidet das Ende eines Eierkartons ab.

2

Schneidet aus dem Boden des anderen Eierkartons zwei Vertiefungen aus.

3

Klebt die Vertiefungen an den ersten Karton – das sind die Augen der Eule.

4

Malt die Eule an – die Augen am besten in einer kontrastierenden Farbe, damit sie auch wirklich auffallen.

5

Schneidet zwei Flügel aus Pappe aus und malt sie in der Farbe des Körpers an.

6

Klebt die Flügel an und fügt die Wackelaugen hinzu.

7

Schneidet ein Dreieck aus Pappe aus und malt es gelb an. Das ist der Schnabel. Faltet das Dreieck in der Mitte und klebt den Schnabel an.

HU
HUHU

Halskette

Dazu braucht ihr

2 Eierkartons	Geschenkband
Farbe	1 Strohhalm mit Knick
Karton	

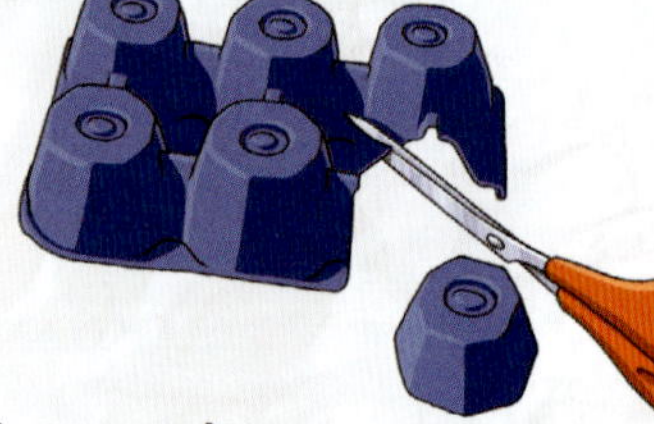

Schneidet aus den Böden der Eierkartons zehn Vertiefungen aus.

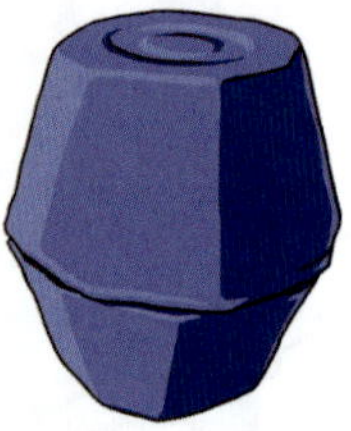

Klebt jeweils zwei Vertiefungen zu großen »Perlen« zusammen.

Malt die Perlen an und durchbohrt sie mit einem Bleistift vom einen Ende zum anderen.

Umwickelt jede Perle mit einem dünnen Streifen Karton, um die Klebestellen zu kaschieren.

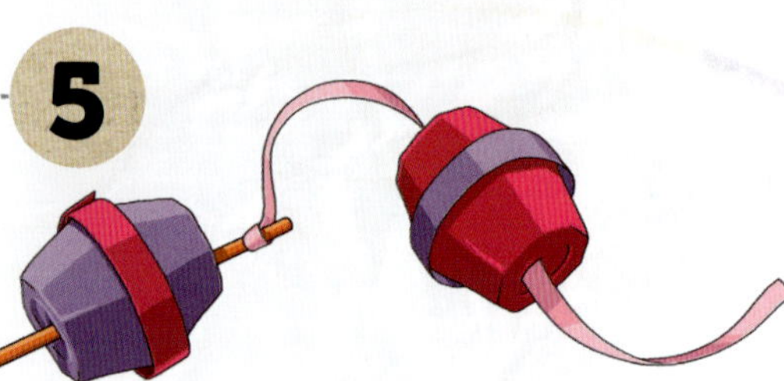

Schneidet Geschenkband in der Länge der Kette ab, befestigt es an einem Strohhalm und fädelt es durch die Perlen.

Bindet das Geschenkband zusammen und legt euch eure neue Halskette um.

Häschen

Dazu braucht ihr

2 Eierkartons
Karton
Farbe
rosa und lila Filz
2 Wackelaugen

1

Schneidet das Ende eines Eierkartons ab.

2

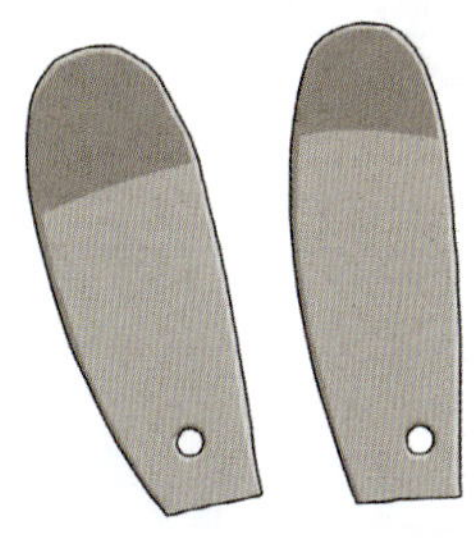

Schneidet zwei lange Ohren aus Karton aus.

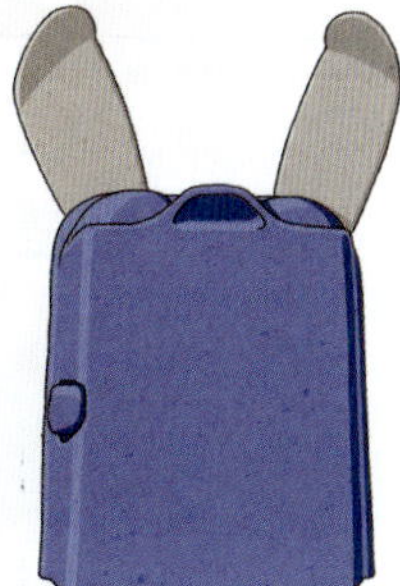

Klebt die Ohren oben an den Eierkarton.

4

Schneidet für die Füße zwei Ecken vom Deckel des anderen Eierkartons ab.

Klebt die Füße an und malt den Hasen an.

Klebt ein Stückchen rosa Filz als Nase an, klebt zwei lila Filzkreise mit Wackelaugen auf und malt eurem Häschen noch ein Lächeln an!

Schmetterling

Dazu braucht ihr

1 Blatt Papier
dicke Pappe
2 Eierkartons
Farbe
2 Strohhalme mit Knick
2 Wackelaugen
Geschenkband

1

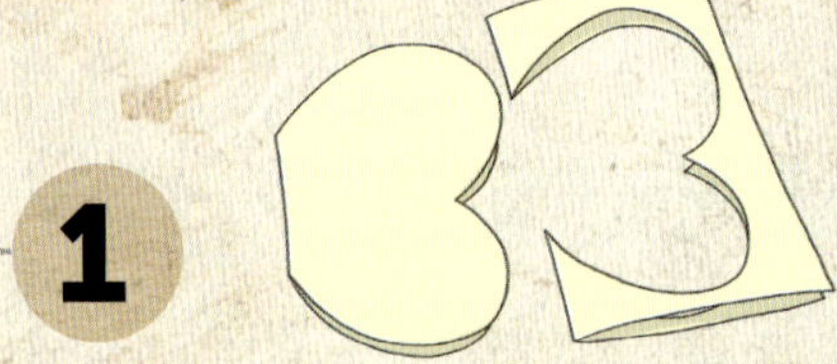

Faltet das Papier in der Mitte und schneidet ein Herz mit gerader Unterseite aus. Das ist eure Schablone.

2

Faltet sie auseinander, übertragt sie auf ein Stück Pappe und schneidet die Schmetterlingsflügel aus.

3

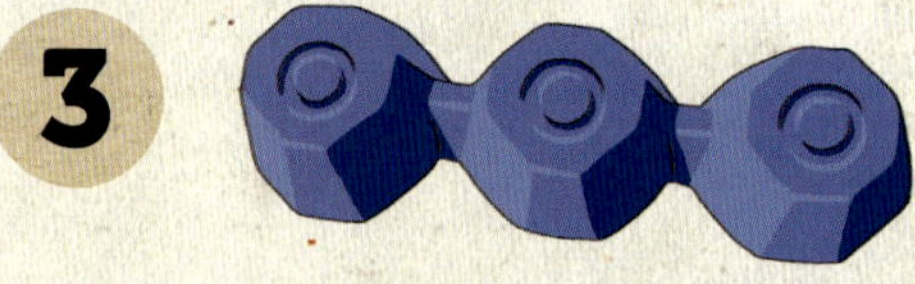

Schneidet aus dem Boden eines Eierkartons drei Vertiefungen aus.

4

Schneidet aus anderen Vertiefungen die Böden aus, um die Flügel zu verzieren.

5

Malt alles an und klebt es wie abgebildet auf.

6

Kürzt die Strohhalme und klebt sie als Fühler an den Kopf. Klebt auch ein Paar Wackelaugen auf. Befestigt ein Stück Geschenkband am Rücken des Schmetterlings, um ihn aufzuhängen.

Raupen-Bleistifthalter

Dazu braucht ihr

2 Eierkartons
Farbe, auch grüne Farbe
dicke Pappe
2 Strohhalme mit Knick
Filz
2 Wackelaugen

1

Schneidet aus den Böden der Eierkartons die Vertiefungen aus.

2

Klebt jeweils zwei Vertiefungen wie abgebildet aneinander.

3

Malt sie an. Malt einen Streifen Pappe grün an und klebt die zusammengesetzten Vertiefungen darauf.

4

Bohrt mit einem Bleistift ein Loch in fünf der zusammengesetzten Vertiefungen.

5

In den Kopf der Raupe bohrt ihr zwei Löcher für die Fühler. Steckt die gekürzten Strohhalme hinein und klebt zwei rote Pappkreise daran. Klebt die Wackelaugen auf Filzkreise und dann an den Kopf. Nun braucht eure Raupe nur noch ein verschmitztes Lächeln – und Bleistifte zum Halten!

Blumengirlande

Dazu braucht ihr

4 oder mehr Eierkartons

Farbe

Schnur

1

Schneidet die Zapfen aus dem Boden eines Eierkartons aus.

2

Schneidet die Zapfen an den Ecken ein und biegt die Seiten nach außen.

3

Schneidet die Seiten zu Blütenblättern zurecht. Malt sie an, lasst sie trocknen und klebt dann zwei so vorbereitete Zapfen aufeinander. Wiederholt die Schritte 1 bis 3, um beliebig viele Blüten zu basteln.

4

Bohrt in die Mitte jeder Blüte ein kleines Loch und fädelt die Blüte auf eine Schnur auf.

5

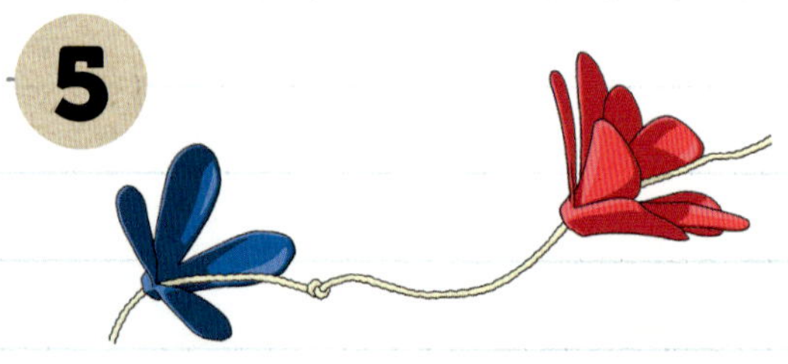

Macht einen Knoten in die Schnur und fädelt die nächste Blüte auf.

6

Macht unter der letzten Blüte ebenfalls einen Knoten und dekoriert euer Zimmer mit der wunderschönen Girlande.

Schnecken

Am besten bastelt ihr gleich mehr Schnecken, denn bestimmt wollen eure Freunde alle auch eine!

Dazu braucht ihr

1 Eierkarton
dicke Pappe
Farbe
Gummiband
2 Strohhalme mit Knick
2 Paar Wackelaugen

1

Schneidet für das Schneckenhaus aus dem Boden des Eierkartons zwei Vertiefungen aus.

Schneidet für den Körper ein langes Dreieck aus Pappe aus. Malt Körper und Schneckenhaus an.

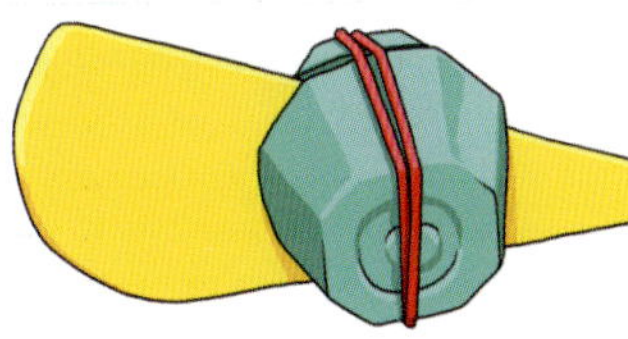

Klebt das Haus an den Körper und fixiert es mit Gummiband, bis der Leim trocken ist.

4

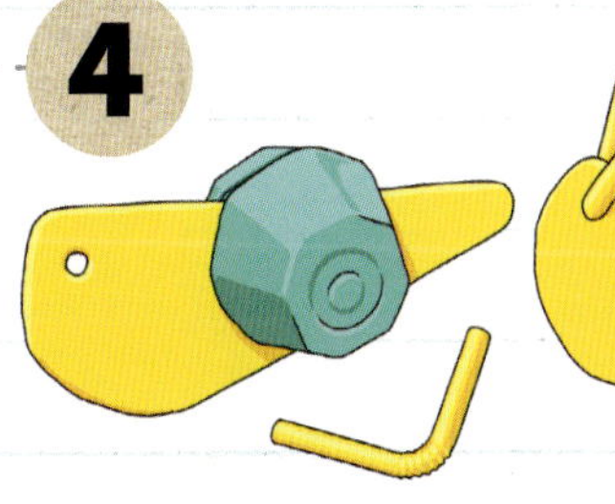

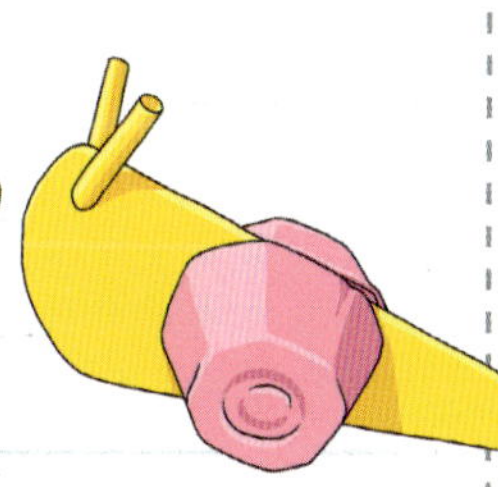

Schneidet die Strohhalme so zurecht, dass der Knick in der Mitte ist und bohrt ein Loch in den Körper. Steckt die Strohhalme hinein.

Bastelt auf diese Weise eine zweite Schnecke. Verziert die Schneckenhäuser, klebt die Augen an und zaubert den Schnecken ein Lächeln ins Gesicht!

Blumenkranz

Der farbenfrohe Kranz bringt jeden Regentag zum Strahlen und den Frühling auch im Herbst und Winter ins Haus.

Dazu braucht ihr

dicke Pappe

Farbe, auch grüne Farbe

3 oder mehr Eierkartons

Seidenpapier

Geschenkband

1

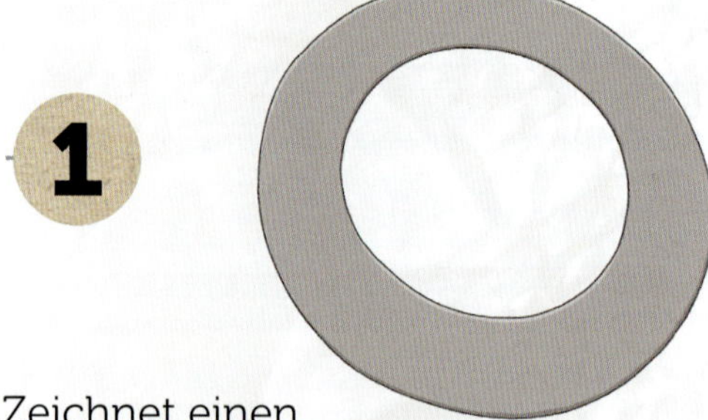

Zeichnet einen großen Kreis auf ein Stück Pappe und einen kleineren Kreis hinein. Schneidet zuerst den großen und dann den kleineren Kreis aus. Ihr habt nun einen Ring, den ihr grün anmalt.

2

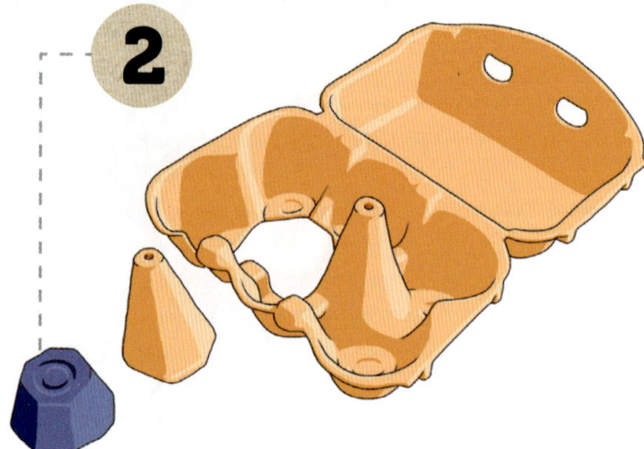

Schneidet aus den Böden der Eierkartons die Vertiefungen und Zapfen aus.

3

Schneidet die Zapfen an den Ecken ein und biegt die Seiten nach außen.

4

Schneidet die Seiten zu Blütenblättern zurecht und malt sie an. Klebt jeweils zwei Zapfen aufeinander.

Um auch andere Blütenformen zu basteln, schneidet ihr Schlitze in die Seiten der Vertiefungen, eng an- oder weiter auseinander. Malt sie in verschiedenen Farben an.

Schneidet Blätter aus Pappe aus und malt sie grün an. Lasst alles trocknen und klebt Blumen und Blätter dann auf den Ring.

Zerknüllt kleine Stücke Seidenpapier und klebt sie in die Mitte der Blumen. Klebt ein Stück Geschenkband hinten an den Blumenkranz und hängt den Kranz auf – beispielsweise an die Tür eures Zimmers!

Fuchs-Maske

Seid schlau wie ein Füchslein und bastelt euch diese süße Fuchs-Maske!

Dazu braucht ihr

1 Eierkarton

orange, weiße, schwarze und rosa Farbe

Karton

Gummiband

1

Schneidet vom Boden des Eierkartons einen Teil wie abgebildet ab.

2

Bohrt mit einem Bleistift zwei Löcher für die Augen hinein.

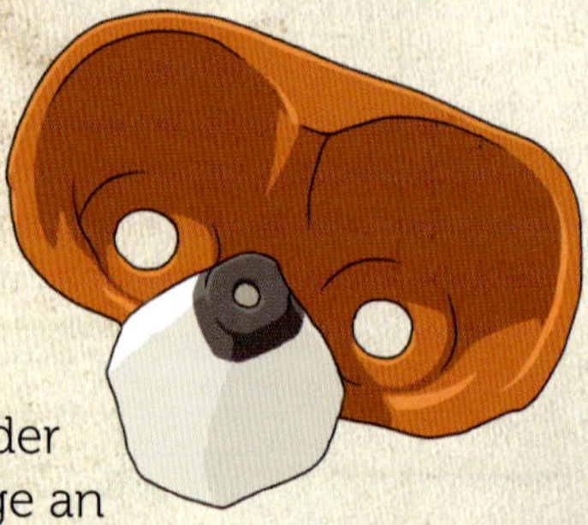

3

Malt den oberen Teil der Maske orange an und den unteren weiß. Fügt eine schwarze Nase hinzu.

4

Schneidet zwei Ohren aus Karton aus und malt sie wie abgebildet an. Klebt die Ohren an die Maske.

5

Bohrt mit einem Bleistift kleine Löcher seitlich in die Nase und fädelt das Gummiband hindurch. Verknotet das Band, und fertig ist eure Fuchs-Maske!

Tiernasen

Dazu braucht ihr

1 Eierkarton

gelbe, rosa, graue und schwarze Farbe

schwarzer Karton

Gummiband

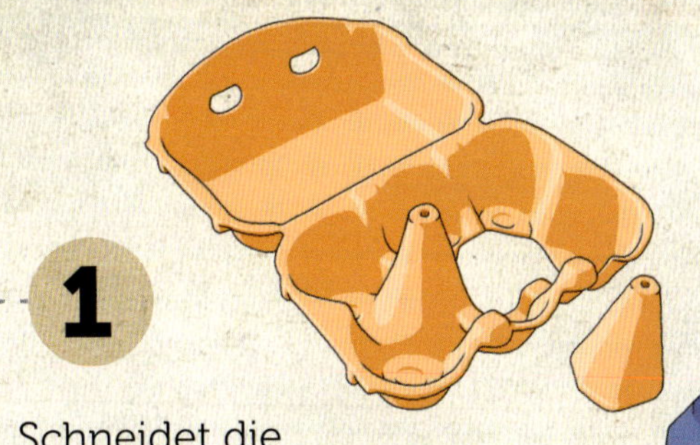

1

Schneidet die Vertiefungen und Zapfen aus dem Boden des Eierkartons aus.

2

Schneidet einen Schlitz in einen der Zapfen und malt den Zapfen gelb an. Das ist ein Vogelschnabel.

3

Für eine Schweineschnauze malt ihr eine Vertiefung rosa an, für eine Mausnase einen Zapfen grau. Klebt an die Mausnase dünne Streifen schwarzen Kartons als Schnurrhaare an.

4

Bohrt mit einem Bleistift kleine Löcher seitlich in die Nasen und fädelt jeweils ein Gummiband hindurch. Verknotet das Band, und fertig sind eure Tiernasen.

Pinguine

Die Pinguine machen sich besonders gut im Badezimmer!

Dazu braucht ihr

2 Eierkartons

weiße, schwarze und hellblaue Farbe

gelber Karton

6 Wackelaugen

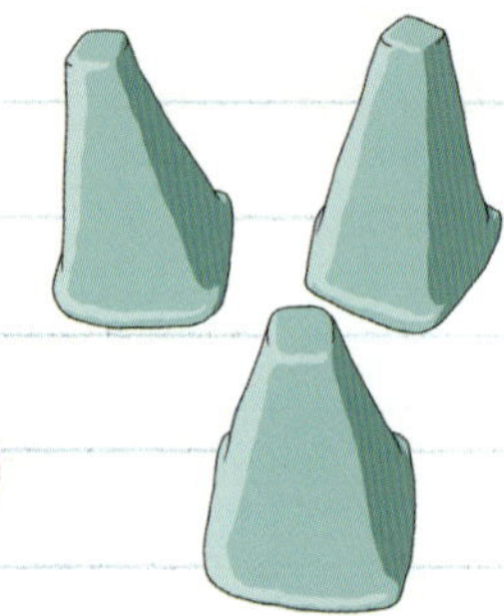

1

Schneidet aus dem Boden eines Eierkartons drei Zapfen aus.

2

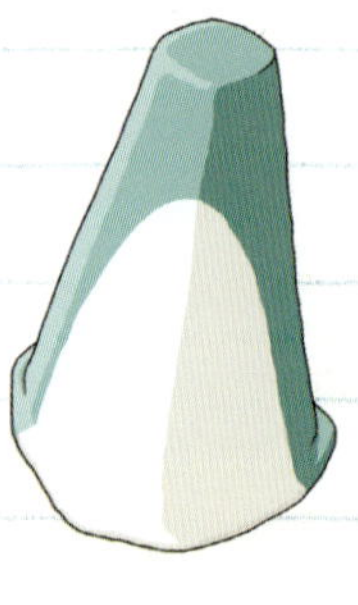

Malt einen weißen Bauch auf.

3

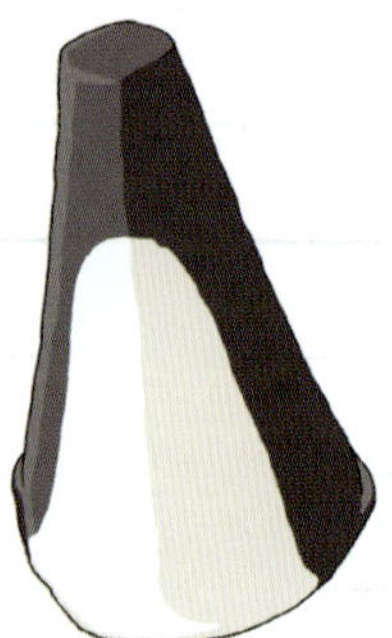

Malt den Rest des Körpers schwarz an.

4

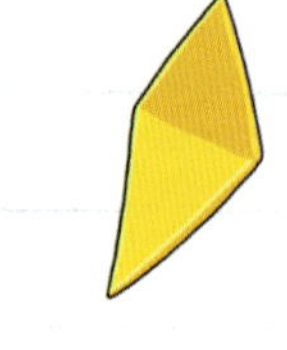

Schneidet für die Schnäbel drei Dreiecke aus gefaltetem gelbem Karton aus und klebt sie an.

5

Malt den Boden eines weiteren Eierkartons hellblau an, klebt den Pinguinen Wackelaugen an und setzt die Pinguine auf die Eisscholle.

Schweinchen

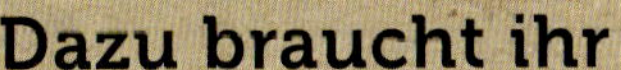

Dazu braucht ihr

2 Eierkartons

Karton

hellrosa, dunkelrosa und blaue Farbe

2 Wackelaugen

Schneidet einen Eierkarton in zwei Hälften. Die größere Hälfte ist der Körper des Schweinchens.

Schneidet aus dem Boden eines weiteren Eierkartons eine Vertiefung und zwei Zapfen aus.

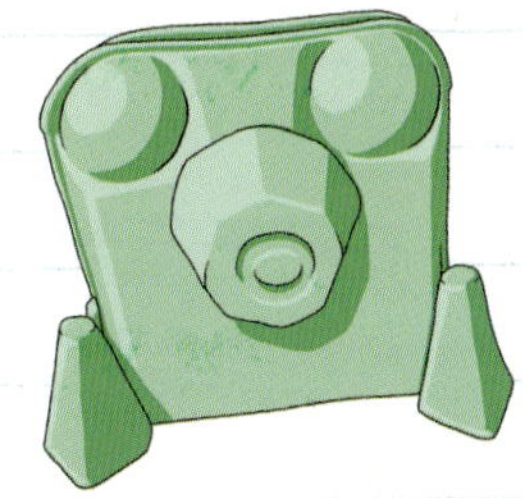

Klebt die Vertiefung als Schnauze vorn an den Körper und die beiden Zapfen als Beine seitlich daran. Schneidet aus Karton zwei Ohren aus und klebt sie ebenfalls an.

Malt das Schweinchen hellrosa, die Schnauze und die Füße dunkelrosa an.

5

Malt für das Schwänzchen einen Kartonstreifen hellrosa an und wickelt ihn um einen Bleistift.

6

Klebt das Schwänzchen an. Schneidet zwei Kartonkreise aus, malt sie blau an und klebt sie mitsamt den Wackelaugen auf.

OINK OINK

Roboter

Wenn ihr mehrere Roboter bastelt, könnt ihr eine ganze Roboterarmee aufstellen!

Dazu braucht ihr

5 Eierkartons

Farbe, auch blaue, sowie Deckweiß

2 Wackelaugen

weißer Karton

1

Malt einen Eierkarton blau an und setzt mit Deckweiß wie abgebildet Effekte darauf, sodass es wie Metall aussieht.

2

Schneidet aus dem Boden eines weiteren Eierkartons vier Zapfen aus und malt sie in verschiedenen Farben an.

3

Halbiert einen weiteren Eierkarton und malt ihn hellblau an. Das wird der Kopf. Klebt den Kopf auf den Körper.

4

Schneidet für die Arme aus dem Boden eines weiteren Eierkartons die Vertiefungen aus. Klebt jeweils zwei Vertiefungen aneinander und dann jeweils zwei der entstandenen »Fässchen«.

5

Klebt an jeden Arm einen der Zapfen.

6

Bohrt mit einem Bleistift Löcher für die Arme und die Beine in den Körper.

7

Klebt Arme und Beine (die andersfarbigen Zapfen aus Schritt 2) an.

8

Klebt zwei Vertiefungen an den Kopf und die Wackelaugen hinein. Klebt einen Kartonstreifen als Mund an.

9

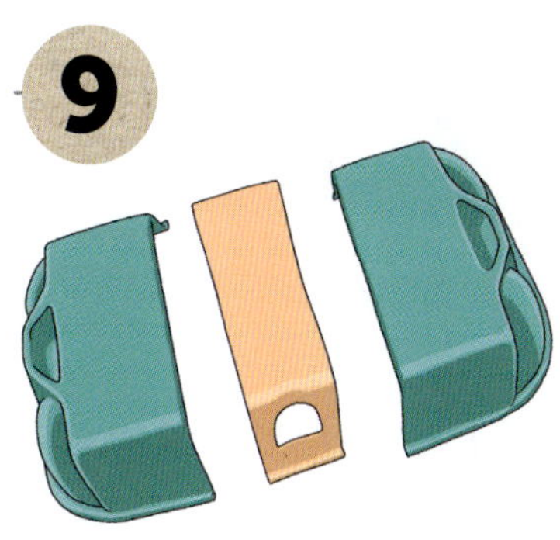

Schneidet einen Eierkartondeckel wie abgebildet in drei Teile und malt die beiden äußeren Teile an. Klebt sie als Füße an die Beine eures Roboters.

Tipp

Lasst den Leim immer erst komplett trocknen, bevor ihr weiterbastelt.

Rakete

5, 4, 3, 2, 1 … Und schon hebt eure coole Rakete aus Eierkartons ab!

Dazu braucht ihr

3 Eierkartons

Farbe, auch rote und blaue Farbe

1

Schneidet aus dem Boden eines Eierkartons zwei Zapfen aus und malt sie rot an. Malt einen weiteren Eierkarton blau an.

2

Bohrt mit einem Bleistift zwei Löcher in den Eierkarton. Steckt die Zapfen hinein und klebt sie fest.

3

Schneidet die Ecke eines dritten Eierkartons wie abgebildet ab.

4

Klebt sie oben an die Rakete und malt auch sie blau an. Verziert die Rakete mit Fenstern und weiteren Details, und dann heißt es: Ready for take-off!

Spinne

Dazu braucht ihr

1 Eierkarton
schwarze und rosa Farbe
Karton
2 Wackelaugen

1

Malt den Boden des Eierkartons schwarz an.

2

Schneidet aus Karton acht Beine aus und malt sie ebenfalls schwarz an.

3

Faltet die Beine in Form eines Z.

4

Klebt die Beine an die Unterseite des Körpers.

5

Dreht die Spinne um und malt ihr einige rosa Punkte auf. Schneidet kleine Kartonkreise aus und malt sie rosa an. Klebt sie mitsamt Wackelaugen auf den Körper auf.

Schlange

Sssssssssssssssssssss! Diese Schlange ist so sssssssssüß, dass ihr bestimmt gleich mehrere davon basteln wollt!

Dazu braucht ihr

4 oder mehr Eierkartons

Farbe

Schnur

1 Strohhalm

roter Karton

2 Wackelaugen

1

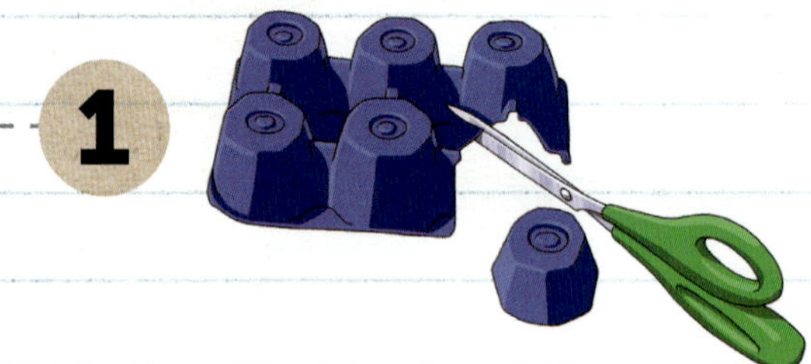

Schneidet aus den Böden der Eierkartons die Vertiefungen aus. Je mehr Vertiefungen ihr ausschneidet, desto länger wird die Schlange.

2

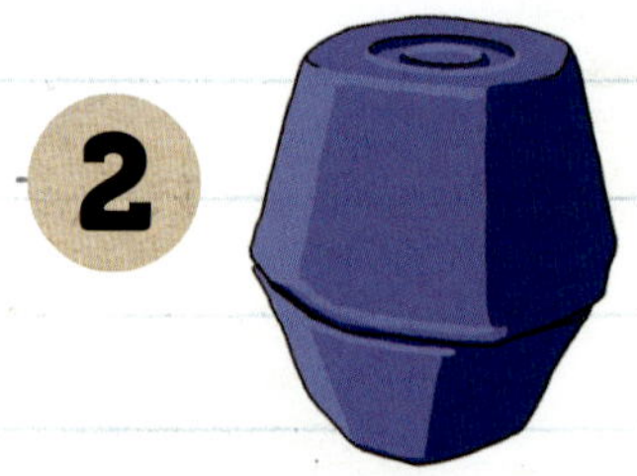

Klebt jeweils zwei Vertiefungen wie abgebildet aneinander.

3

Malt die aneinandergeklebten Vertiefungen bunt an und bohrt mit einem Bleistift oben und unten jeweils ein Loch hinein.

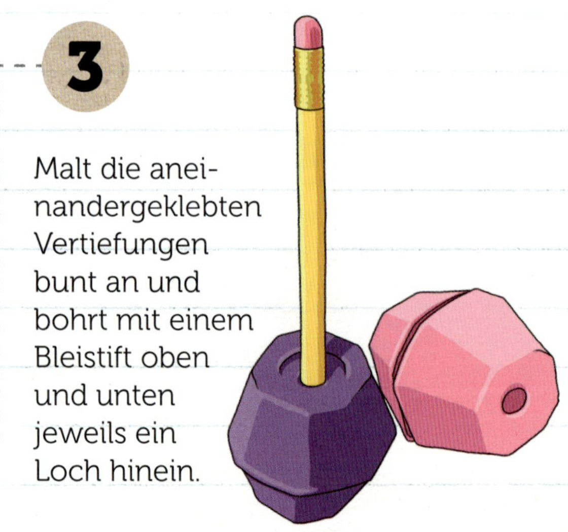

4

Schneidet aus dem Boden eines Eierkartons einen Zapfen aus, malt ihn an und bohrt mit einem Bleistift an der Spitze ein Loch hinein.

5

Verknotet ein Ende eines langen Stücks Schnur. Befestigt die Schnur an einem Strohhalm und fädelt sie durch alle aneinandergeklebten Vertiefungen. Verknotet die Schnur auch am anderen Ende.

6

Schneidet einen Streifen roten Karton ab und vorn ein V hinein. Das ist die Zunge eurer Schlange. Klebt sie an und fügt noch ein Paar Wackelaugen hinzu.

Tipp

Malt eurer Schlange Tupfen auf den Körper, so wird sie noch einmaliger!

Känguru

Dazu braucht ihr

3 Eierkartons

dicke Pappe

hellbraune, dunkelbraune, cremeweiße und rosa Farbe

4 Wackelaugen

grüner Filz

1

Schneidet ein Stück von einem Eierkarton ab.

2

Schneidet den Deckel eines weiteren Eierkartons wie abgebildet in Teile. Das größte Teil wird der Beutel des Kängurus, die kleinen sind die Füße.

3

Klebt den Beutel vorn und die Füße seitlich an den Körper.

4

Schneidet aus Pappe zwei Ohren und zwei Arme aus.

5

Klebt Ohren und Arme an den Körper. Malt diesen hellbraun an, der Bauch wird cremeweiß. Malt das Innere der Ohren rosa an.

Schneidet aus dem Boden eines weiteren Eierkartons eine Vertiefung aus.
Schneidet aus Pappe zwei kleine Ohren aus. Malt beides dunkelbraun und rosa an.

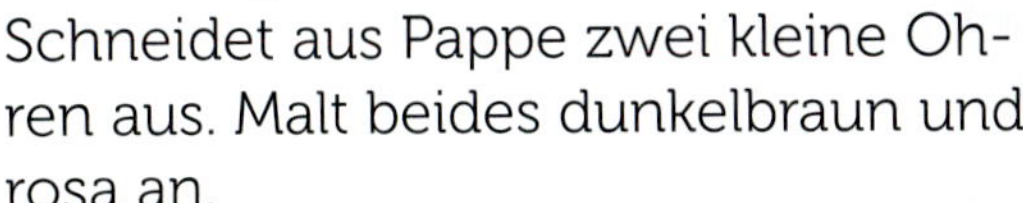

Klebt das Babykänguru in den Beutel der Mutter und fügt wie abgebildet zwei Babyarme aus Pappe hinzu.

Klebt zwei Wackelaugen auf grüne Filzkreise auf und diese an den Kopf der Mutter. Klebt auch dem Baby Wackelaugen an. Zum Schluss bekommen Mama und Baby noch Nasen und ein süßes Lächeln!

Tipp

Nicht alle Kängurus sind rötlich-braun, manche sind auch grau. Ihr könnt also auch graue Farbe verwenden.

Schnurrbart-Maske

Mit dieser großartigen Verkleidung erkennt euch kein Mensch!

Dazu braucht ihr

1 Eierkarton

rosa und schwarze Farbe

dicke Pappe

Gummiband

1

Schneidet vom Boden des Eierkartons wie abgebildet ein Ende ab.

2

Bohrt mit einem Bleistift Löcher für die Augen hinein.

3

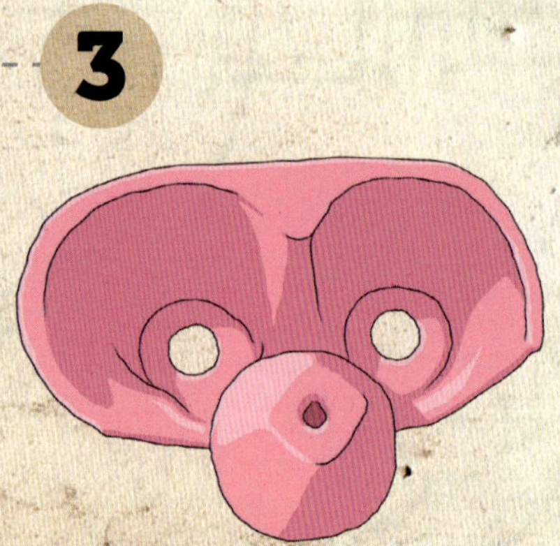

Malt eure Maske rosa an.

4

Schneidet aus Pappe einen Schnurrbart und dicke Augenbrauen aus. Malt beides schwarz an.

5

Klebt Augenbrauen und Schnurrbart an die Maske.

6

Bohrt mit einem Bleistift zwei kleine Löcher seitlich in die Nase und fädelt ein Gummiband hindurch. Verknotet das Band, und fertig ist eure Verkleidung!

TA DAH!

Käfer

Dazu braucht ihr

1 Eierkarton
Farbe
schwarzer Filz/Karton
6 Wackelaugen

1

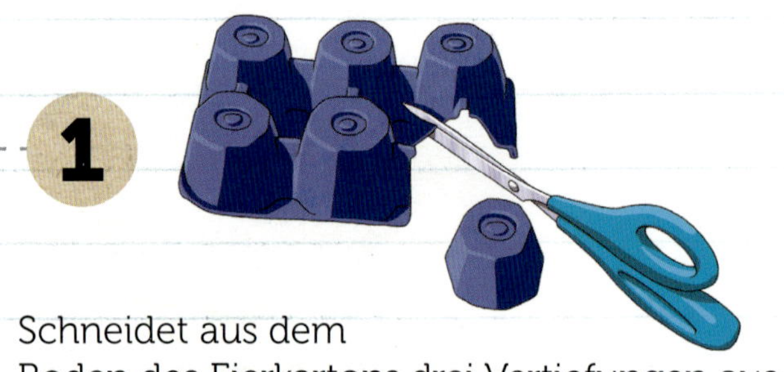

Schneidet aus dem Boden des Eierkartons drei Vertiefungen aus.

Tipp

In der Natur gilt: Je leuchtender die Farbe, desto gefährlicher der Käfer!

2

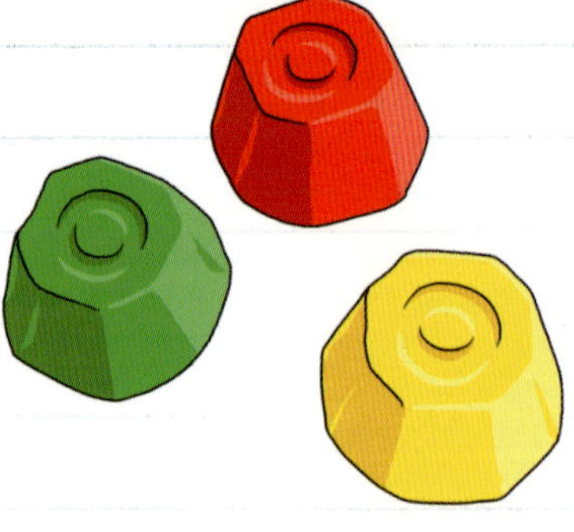

Malt sie bunt an.

3

Verziert sie mit Punkten oder Streifen.

4

Schneidet 18 schmale Streifen aus schwarzem Filz oder Karton aus und klebt jeweils sechs davon von innen an die Vertiefungen.

5

Klebt jedem Käfer ein Paar Wackelaugen an und passt auf, dass sie nicht davonkrabbeln!

Fische

Mit diesen Fischen könnt ihr euer Zimmer oder das Badezimmer in eine zauberhafte Unterwasserwelt verwandeln!

Dazu braucht ihr

3 Eierkartons
Farbe
10 Wackelaugen
4 Strohhalme

1

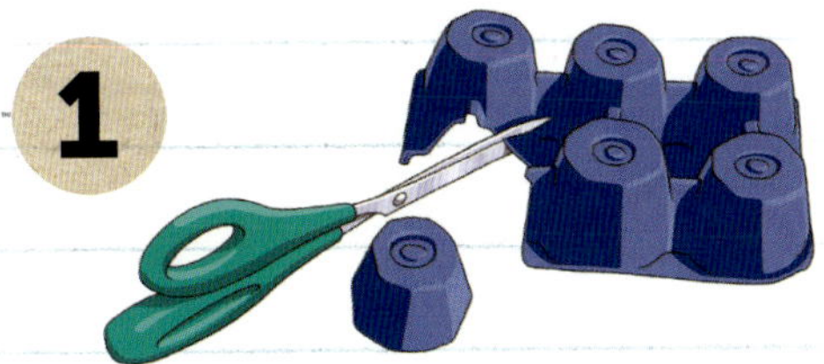

Schneidet für jeden der fünf Fische aus den Böden der Eierkartons drei Vertiefungen aus.

2

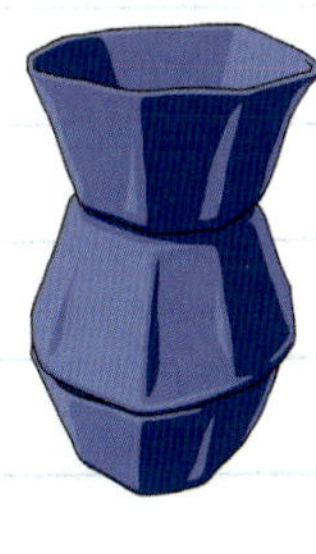

Klebt jeweils zwei Vertiefungen in Fassform aneinander und die dritte als Fischschwanz daran.

3

Schneidet kleine Vs in die Fischschwänze und malt die Fische bunt an. Malt einen schwarzen Punkt als Maul auf und klebt Wackelaugen an.

4

Bohrt mit einem Bleistift unten in vier Fische ein Loch hinein. Steckt Strohhalme in die Löcher und klebt sie fest.

5

Malt den Deckel eines Eierkartons an und bohrt mit einem Bleistift vier Löcher hinein. Steckt die Strohhalme mit den Fischen hinein ud klebt sie fest. Den fünften Fisch klebt ihr ohne Strohhalm auf.

Entenküken

Dazu braucht ihr

1 Eierkarton
gelbe Farbe
orangefarbener Karton
2 Wackelaugen

1

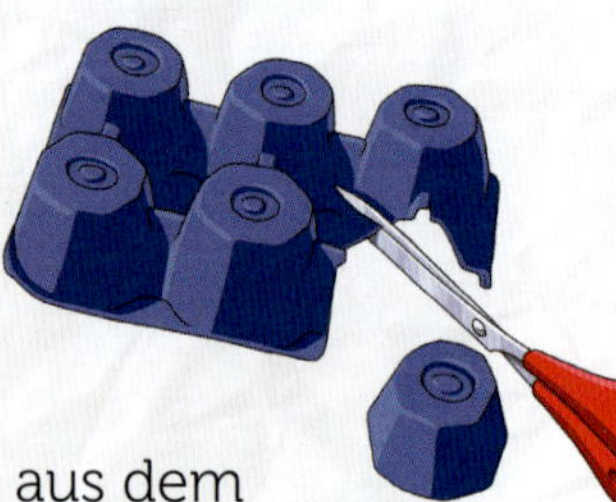

Schneidet aus dem Boden des Eierkartons drei Vertiefungen und einen Zapfen aus.

2

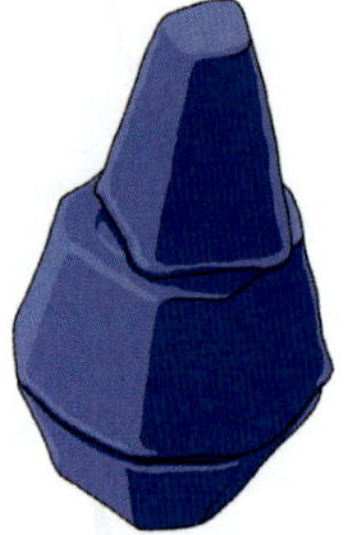

Klebt zwei Vertiefungen wie abgebildet aneinander und den Zapfen darauf.

3

Klebt die dritte Vertiefung darauf und malt alles gelb an.

4

Schneidet zwei Schwimmfüße und einen Schnabel aus orangefarbenem Karton aus und klebt sie an den Körper an.

5

Fügt zwei Wackelaugen hinzu, und fertig ist euer Küken, alles andere als ein hässliches Entlein!

Maus-Fingerpuppe

Dazu braucht ihr

1 Eierkarton

graue oder weiße, schwarze und rosa Farbe

Karton

2 Wackelaugen

1

Schneidet aus dem Boden des Eierkartons einen Zapfen aus.

2

Malt ihn grau oder weiß an. Die Spitze wird schwarz.

3

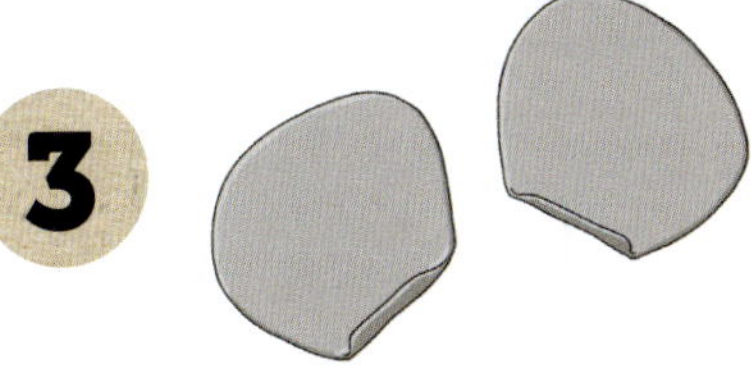

Schneidet zwei Ohren aus Karton aus und malt sie in der Farbe des Kopfs an.

4

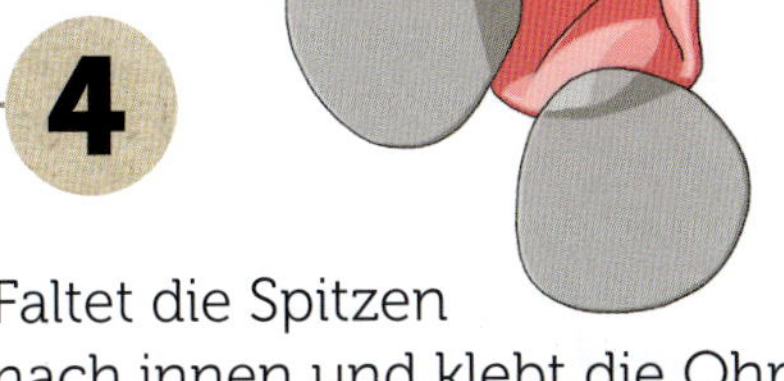

Faltet die Spitzen nach innen und klebt die Ohren von innen an den Kopf.

5

Malt das Innere der Ohren rosa an und klebt ein Paar Wackelaugen auf. Pieps!

Glubschaugen

Eure Freundinnen und Freunde werden Augen machen, wenn sie euch mit dieser Verkleidung sehen!

Dazu braucht ihr

1 Eierkarton
Farbe
schwarzer Karton
Gummiband

1

Schneidet aus dem Boden des Eierkartons zwei Vertiefungen aus.

2

Bohrt mit einem Bleistift Löcher in die Mitte der Vertiefungen.

3

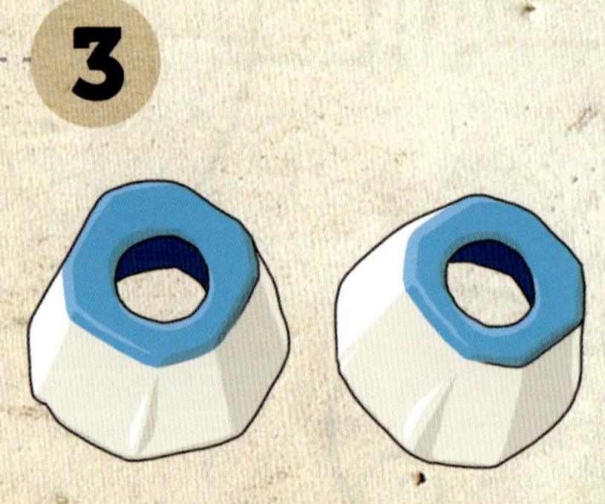

Malt die Seiten der Vertiefungen weiß und die Böden in einer Augenfarbe eurer Wahl an.

4

Schneidet zwei Streifen schwarzen Karton ab und Fransen hinein. Klebt sie als Wimpern an die Augen.

5

Bohrt kleine Löcher in die Seiten der Augen. Fädelt ein kurzes Stück Gummiband in der Mitte hindurch und verknotet es. Fädelt ein längeres Stück Gummiband durch die äußeren Löcher und verknotet es ebenfalls – fertig ist die »Augenbrille«!

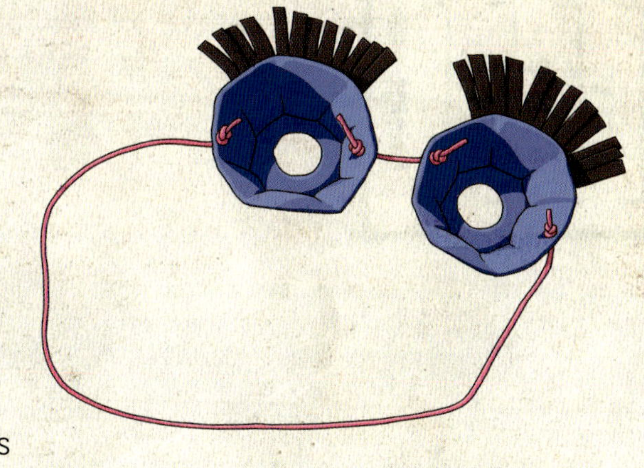

Tipp

Ihr könnt auch unten an den Augen Wimpern anbringen!

Monster

Ihr habt noch kein Monster unterm Bett? Dann wird's aber Zeit! Und keine Angst: Das freundliche Kerlchen vertreibt alle anderen Ungeheuer.

Dazu braucht ihr

3 Eierkartons
Farbe
3 Wackelaugen

1

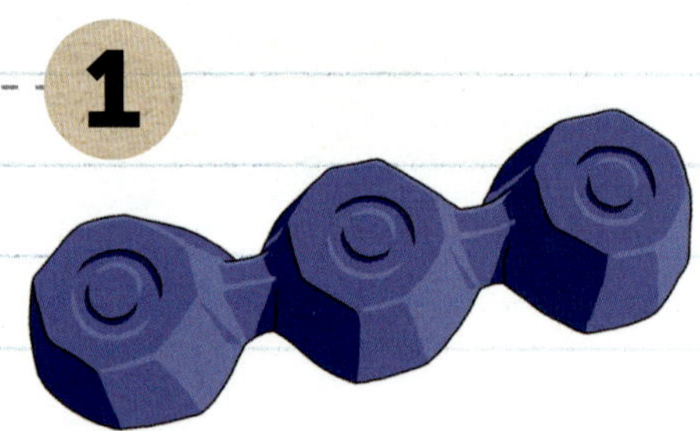

Schneidet aus dem Boden eines Eierkartons eine Reihe mit drei Vertiefungen aus.

2

Klebt sie auf einen anderen Eierkarton, den Körper des Monsters.

3

Schneidet für die Füße die beiden Enden eines Eierkartondeckels ab.

4

Klebt sie unten an den Körper des Monsters.

5

Schneidet für die Hörner aus dem Boden eines dritten Eierkartons zwei Zapfen aus und malt das Monster an.

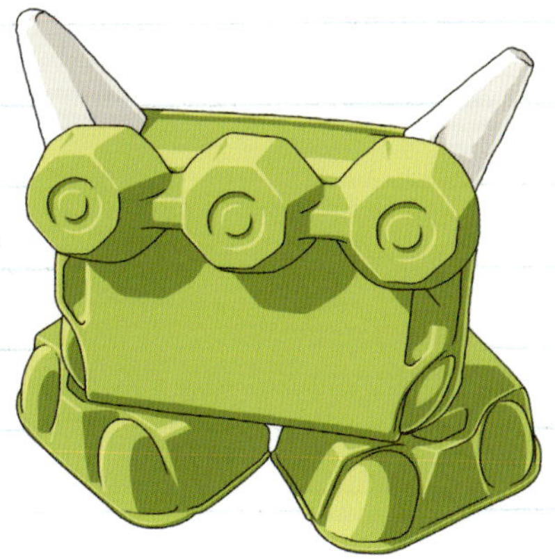

6

Malt Punkte, Klauen und drei rosa Kreise auf die Augen auf. Fügt die Wackelaugen hinzu und gebt eurem liebenswerten Monster zuletzt noch ein nettes Lächeln!

WIE SÜSS!

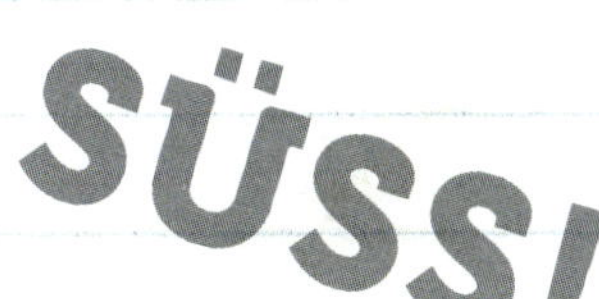

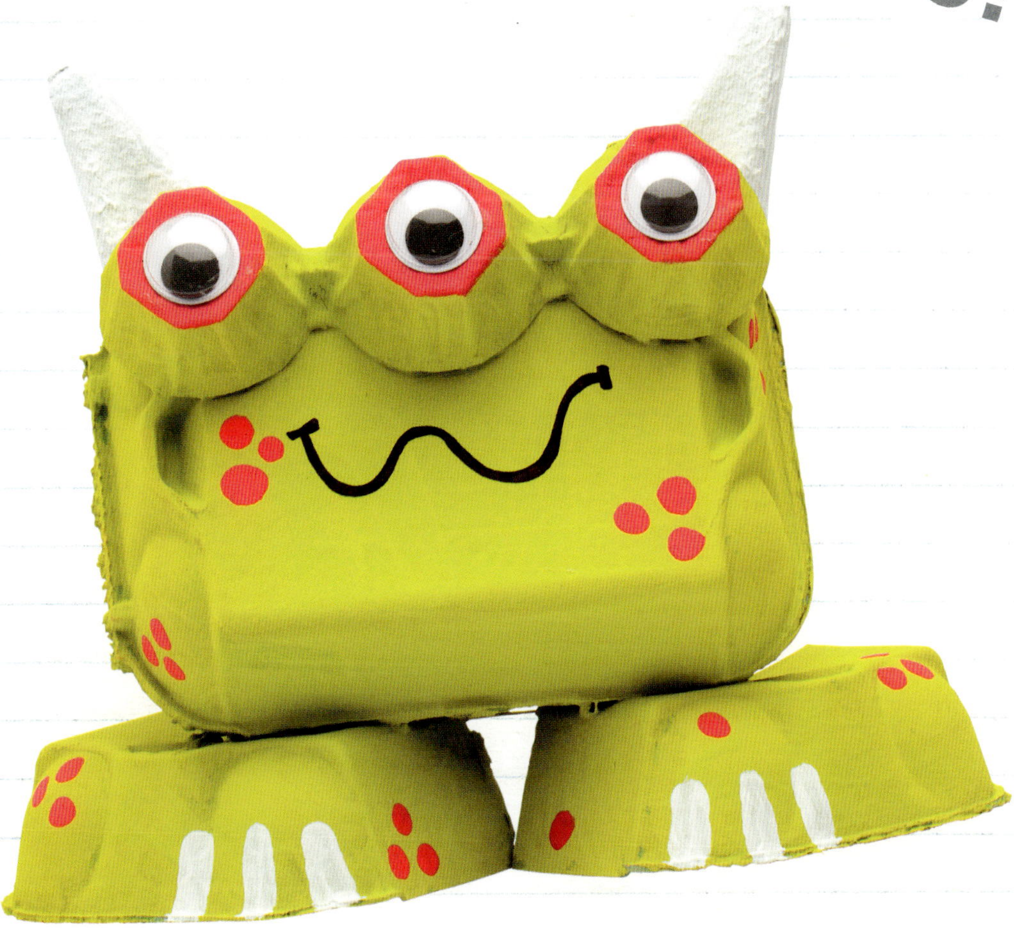

Krokodil

Das kleine Krokodil ist ein prima Zimmerwächter. Bastelt doch gleich zwei davon, dann ist es nicht so allein!

Dazu braucht ihr

4 Eierkartons (1 davon mit einem Scharnier an der kurzen Seite; siehe S. 80)

dicke Pappe

grüne und gelbe Farbe

2 Wackelaugen

1

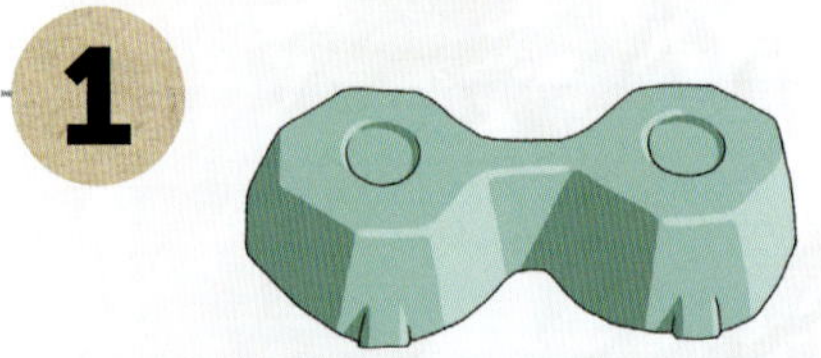

Schneidet für die Augen aus dem Boden eines Eierkartons zwei Vertiefungen aus.

2

Schneidet für den Schwanz etwa fünf Zapfen aus den Böden der Eierkartons aus. Kürzt sie zu verschiedenen Größen.

3

Stellt einen Eierkarton umgedreht hinter den mit dem Scharnier an der kurzen Seite und platziert die Zapfen dahinter. Schneidet aus Pappe ein Stück aus, das genauso lang ist wie euer Krokodil.

4

Klebt die Teile auf und die Augen an den Kopf

Malt das Krokodil grün mit gelben Punkten an und fügt die Wackelaugen hinzu.

Hexe

Dazu braucht ihr

1 Eierkarton
Farbe
Styroporkugel
lila, schwarzer und grüner Filz
grüner Strohhalm mit Knick

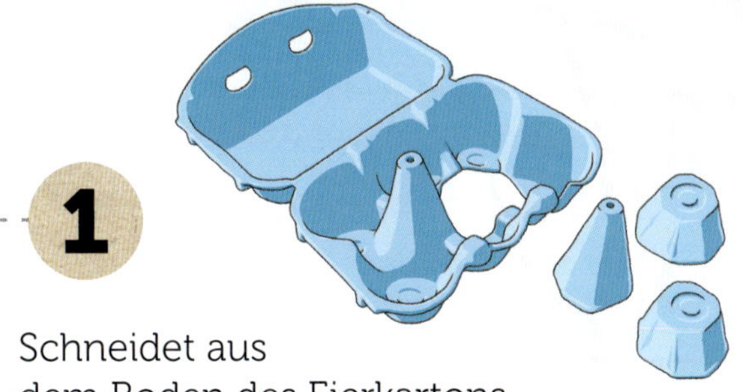

1

Schneidet aus dem Boden des Eierkartons zwei Vertiefungen und einen Zapfen aus.

2

Klebt die beiden Vertiefungen aneinander und malt alles schwarz an.

3

Malt die Styroporkugel gelb an und klebt sie auf die Vertiefungen.

4

Schneidet einen Streifen lila Filz ab und Fransen hinein.
Klebt den Streifen von innen an den Hut.

5

Schneidet aus schwarzem Filz einen Umhang aus und klebt ihn an den Körper.

6

Malt eurer Hexe ein Gesicht auf und bastelt aus zwei weiteren Vertiefungen, einem grünen Strohhalm und grünem Filz einen Kürbis.

Piratenschiff

Ahoi, Kumpane! Setzt die Segel und befahrt die sieben Weltmeere mit diesem seetüchtigen und furchterregenden Piratenschiff!

Dazu braucht ihr

2 Eierkartons à 12 Eier

1 Eierkarton à 6 Eier

braune, blaue, schwarze und rote Farbe

gelber und weißer Karton

3 Strohhalme

1

Klebt den Deckel eines langen Eierkartons auf einen zweiten langen Eierkarton.

2

Klebt einen kleinen Eierkarton darauf und malt alles braun an.

3

Schneidet viele gelbe Kartonkreise aus und malt sie in der Mitte hellblau an. Das werden die Bullaugen.

4

Klebt die Bullaugen auf.

5

Schneidet aus weißem Karton fünf verschieden große Quadrate aus. Malt auf eins rote Streifen und auf ein anderes einen Totenkopf. Das werden die Segel.

6

Bohrt mit einem Bleistift drei Löcher oben ins Schiff. Steckt die Strohhalme als Masten hinein und klebt sie fest.

7

Klebt zum Schluss die Segel an die Strohhalme.

Tipp

Ihr könnt auch farbigen Karton als Schiffsdeck anfügen.

LAND IN SICHT!

Flugzeug

Bastelt doch gleich mehrere von diesen Flugzeugen und hängt sie euch als Mobile an die Zimmerdecke!

Dazu braucht ihr

dicke Pappe
2 Eierkartons
Farbe, auch blaue Farbe
1 Spreizklammer
gelber Karton

1

Schneidet aus Pappe zwei Tragflächen und ein Seitenruder aus.

2

Klebt die Tragflächen von innen an einen geöffneten Eierkarton.

3

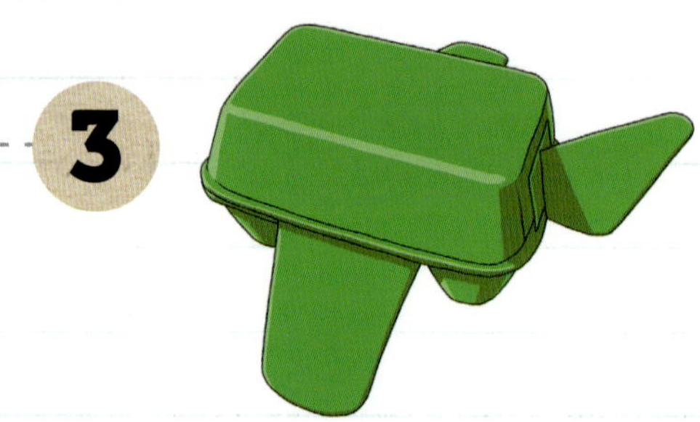

Schneidet hinten einen Schlitz in den Karton und klebt das Seitenruder hinein. Malt das Flugzeug an.

4

Schneidet aus dem Boden eines zweiten Eierkartons eine Vertiefung aus, kerbt sie seitlich ein und malt sie in der Farbe des Flugzeugs an. Schneidet für den Propeller einen Zapfen aus, schneidet vier Schlitze hinein und drückt den Zapfen flach.

5

Bohrt mit einem Bleistift ein Loch in Zapfen und Vertiefung und befestigt den Propeller mit einer Spreizklammer an der Vertiefung.

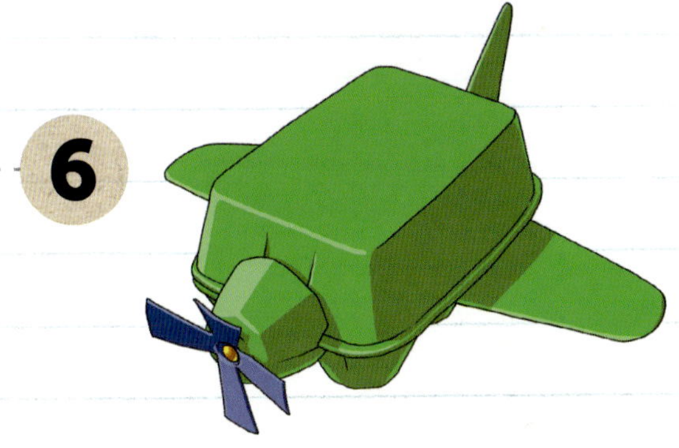

Klebt »Nase« und Propeller an.

Schneidet aus gelbem Karton sechs kleine Kreise und einen großen Kreis aus. Malt die Kreise in der Mitte hellblau an. Halbiert den großen Kreis, die Hälften sind die vorderen Fenster.

Klebt die Fenster an.

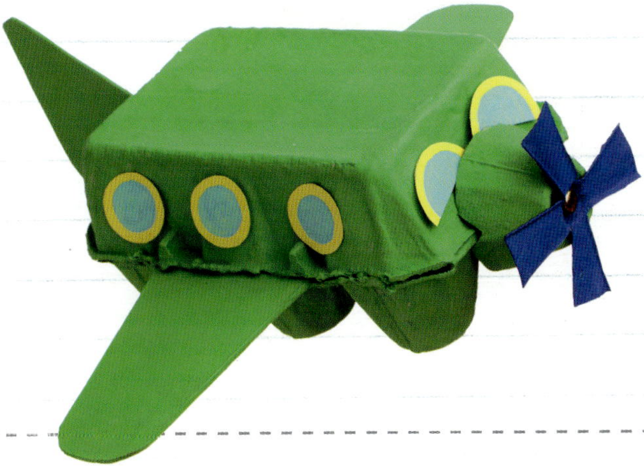

Schatzkiste

Ihr sucht noch nach einer passenden Kiste für euren wertvollen Schatz? Sucht nicht länger – in dieser tollen Eierkartonkiste könnt ihr ihn verstecken!

Dazu braucht ihr

3 Eierkartons
braune und gelbe Farbe
gelber Karton
Geschenkband
für den Schatz

1

Malt einen Eierkarton braun an.

2

Schneidet zwei Streifen aus gelbem Karton aus und klebt sie auf den Eierkarton. Malt mit einem orangefarbenen Filzstift Nieten darauf.

3

Faltet ein Stück gelben Karton in der Mitte und schneidet ein Vorhängeschloss daraus aus.

4

Malt mit einem schwarzen Stift ein Schlüsselloch darauf.

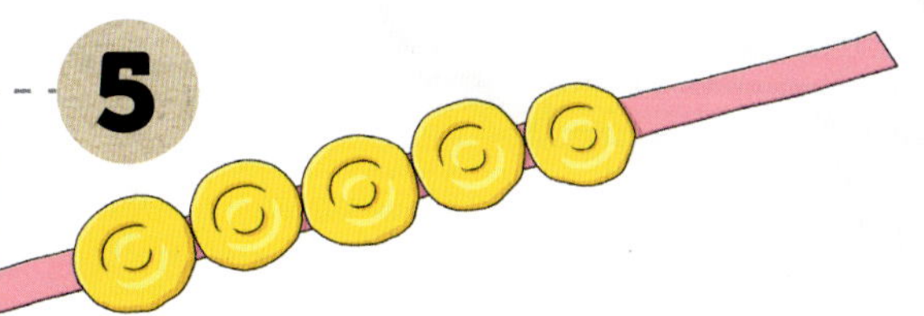

Schneidet aus den Böden zweier weiterer Eierkartons Kreise aus und klebt sie auf Geschenkband auf. Malt die Kreise gelb an.

Ihr könnt so auch weitere Schätze wie z. B. Halsketten oder einzelne Münzen basteln.

Schleppkahn

Dieser Schleppkahn ist so einfach zu basteln, dass ihr gleich mehrere davon bauen und euch eine ganze Flotte davon zusammenstellen könnt.

Dazu braucht ihr

1 Eierkarton à 12 Eier

2 Eierkartons à 6 Eier

Farbe

gelber und grauer Karton

1

Schneidet den Deckel des langen Eierkartons ab und malt ihn an. Malt einen kleinen Eierkarton in einer anderen Farbe an.

2

Klebt den kleinen Eierkarton auf den Deckel des langen Eierkartons.

TUCKER TUCKER

3

Schneidet aus gelbem Karton Kreise aus und malt sie in der Mitte hellblau an. Das sind die Bullaugen.

4

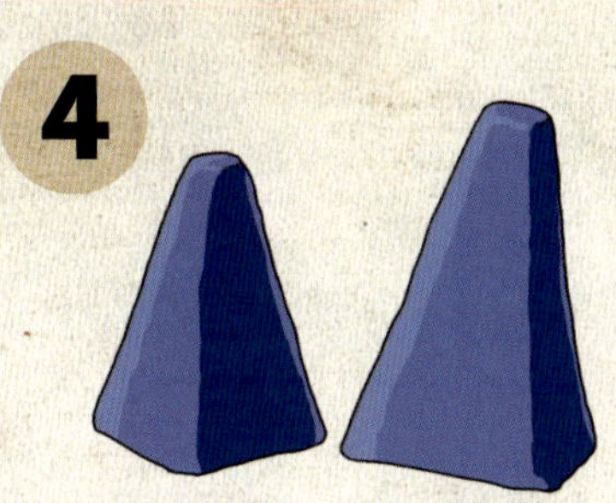

Schneidet aus dem Boden des zweiten kleinen Eierkartons zwei Zapfen aus und malt sie an.

5

Bohrt mit einem Bleistift zwei Löcher oben in den Kahn. Steckt die Schornsteine hinein und klebt sie fest.

6

Schneidet aus grauem Karton eine Wolke aus, schneidet unten einen Schlitz hinein und steckt sie als Rauch an einen der Schornsteine. Fertig ist euer Schleppkahn!

Traktor

Auf einem Bauernhof gibt es immer viel zu tun, und dieser Traktor wird euch dabei helfen.

Dazu braucht ihr

3 Eierkartons

rote, weiße, schwarze und blaue Farbe

dicke Pappe

roter Karton

Spiegelfolie

1

Schneidet zwei Eierkartondeckel ab und klebt sie wie abgebildet zusammen.

2

Schneidet einen weiteren Eierkarton in zwei Hälften und klebt eine Hälfte an den Rändern zusammen.

3

Schneidet an einer Seite ein flaches V hinein.

4

Klebt das Führerhaus auf den Traktor und malt alles rot an.

5

Schneidet zwei große und zwei kleinere Kreise aus Pappe aus und malt sie wie Räder an.

6

Klebt die Räder an den Traktor.

7

Schneidet Fenster aus rotem Karton aus, malt sie blau an und klebt sie auf. Fügt zum Schluss noch einen Kühlergrill aus Spiegelfolie hinzu.

Krabbe

Die freche kleine Krabbe sieht zusammen mit anderen Meeresbewohnern ganz zauberhaft im Badezimmer aus!

Dazu braucht ihr

2 Eierkartons
Karton
Farbe
2 Spreizklammern
2 Wackelaugen

1

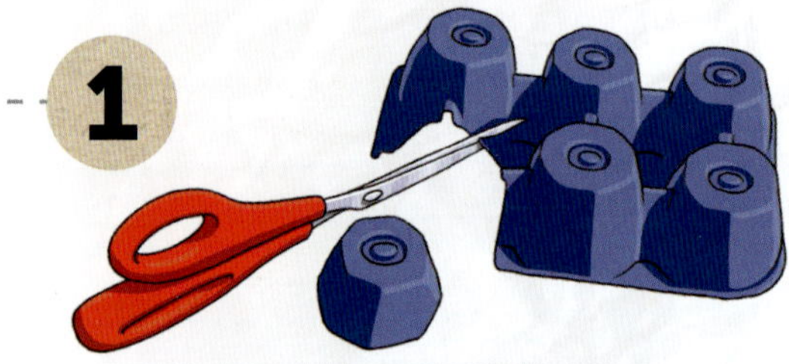

Schneidet aus dem Boden eines Eierkartons zwei Vertiefungen aus.

2

Klebt sie als Augen auf einen zweiten Eierkarton.

3

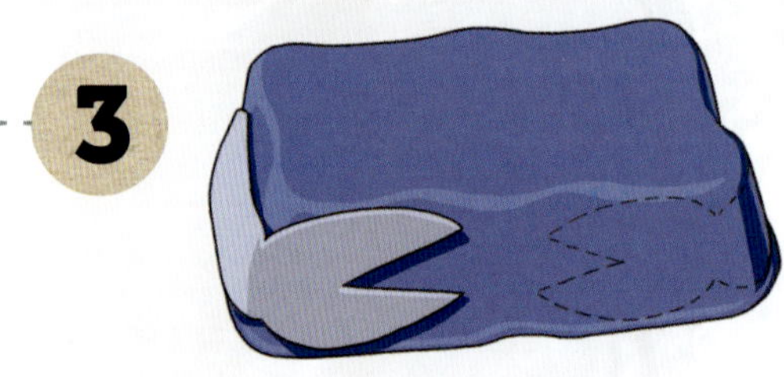

Schneidet zwei Scheren aus Karton aus.

4

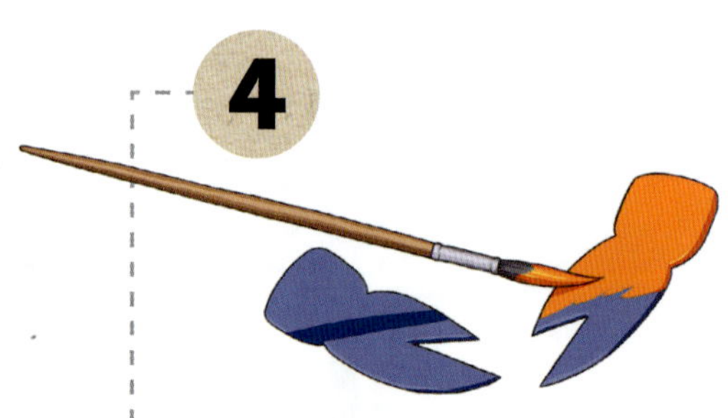

Malt die Scheren an.

5

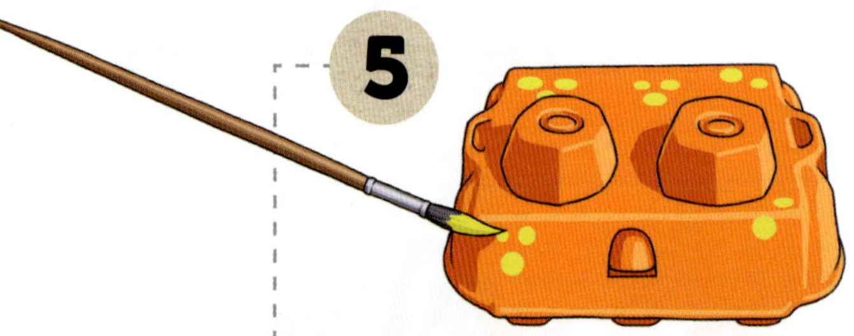

Malt nun auch die Krabbe an und fügt einige Punkte hinzu.

Tipp

Die Löcher in Schritt 6 sollten etwas kleiner als der Kopf der Spreizklammer sein.

6

Bohrt mit einem Bleistift ein Loch in Schere und Panzer der Krabbe und befestigt die Schere mit einer Spreizklammer. Wiederholt dies auf der anderen Seite.

7

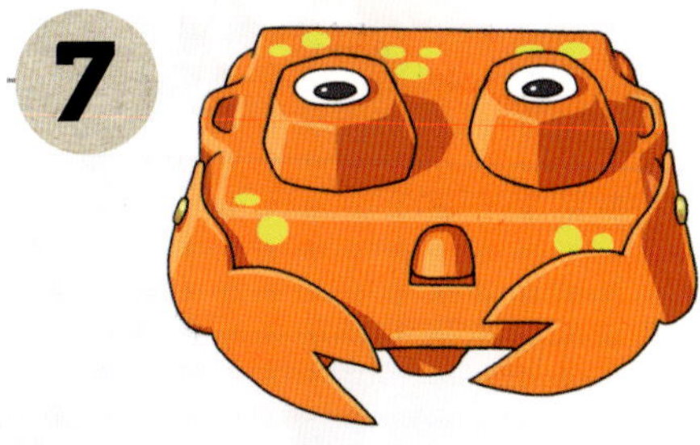

Klebt zum Schluss Wackelaugen auf und passt auf, dass die Krabbe euch nicht zwickt!

Wenn ihr einen Eierkarton mit dem Scharnier an der kurzen Seite braucht, geht ihr wie folgt vor:

1 Trennt die Oberseite eines normalen Eierkartons von der Unterseite.

2 Faltet ein Papierquadrat, das etwas kürzer ist als die neue Scharnierseite des Eierkartons, in der Hälfte und klebt eine der Papierhälften auf die Innenseite des Schachteldeckels und die andere Hälfte auf die Innenseite des Bodenteils.

Wir danken unseren wunderbaren Models Islah, Ethan und Ania.

ISBN 978-3-8094-4521-0

1. Auflage

Umschlaggestaltung: Atelier Versen, Bad Aibling
Fotos: Michael Wicks
Illustrationen: Tom Connell
Layout: Paul Myerscough
Projektkoordination: Birte Dittmann
Übersetzung: Dr. Ulrike Kretschmer, München
Herstellung: Claudia Scheike
Satz und Redaktion: Dr. Alex Klubertanz, Haßfurt

Printed in China

MIX
Papier aus verantwortungsvollen Quellen
FSC www.fsc.org
FSC® C016973